OSWALD CHAMBERS

BIS CHRISTUS EUER LEBEN PRÄGT

Durch das Jahr mit Oswald Chambers

Aus dem Englischen von Annette Penno
und Silke Gabrisch

SCM
R.Brockhaus

SCM

Stiftung Christliche Medien

Der SCM-Verlag ist eine Gesellschaft der Stiftung Christliche Medien, einer gemeinnützigen Stiftung, die sich für die Förderung und Verbreitung christlicher Bücher, Zeitschriften, Filme und Musik einsetzt.

Umschlaggestaltung: Dietmar Reichert, Dormagen
Satz: Riswane Abdurachmanov, Dortmund
Druck und Bindung: Leo Paper Products
ISBN 978-3-417-26605-4
Bestell-Nr. 226.605

VORWORT ZUR DEUTSCHEN ERSTAUSGABE

Oswald Chambers, 1874 in Schottland geboren, war bis zu seinem frühen Tod im Jahr 1917 nur einem relativ kleinen Kreis von Christen in Großbritannien und den Vereinigten Staaten von Amerika bekannt. Drei kleinere Publikationen waren bis dahin unter seinem Namen erschienen.

Chambers war ein begabter Künstler und Musiker. Er studierte an der Royal Academy of Arts in London, um - nach seiner Hinwendung zu Jesus Christus - als Botschafter Gottes im Rahmen von Kunstgeschichte und Ästhetik wirken zu können. Nach einer Zeit heftiger innerer Kämpfe entschied er sich für eine Laufbahn als Geistlicher, war einige Jahre Tutor am Dunoon College, in der Nähe von Glasgow. Er wirkte auch an einer Bibelschule in den USA, besuchte Japan, ehe er dann in den vollzeitlichen Dienst trat.

Von 1907 bis 1910 war er Gastredner und offizieller Vertreter der League of Prayer. Von 1911 bis 1915 leitete er das Bible Training College London in Clapham. Dann übertrug der CVJM Oswald Chambers die Aufgabe, in Ägypten die britischen, australischen und neuseeländischen Soldaten, die während des Ersten Weltkriegs den Suezkanal zu schützen hatten, geistlich zu betreuen. In dieser Aufgabe für die Soldaten des britischen Commonwealth war er bis zu seinem Tod tätig. Er starb in Kairo am 15. November 1917 an den Komplikationen einer Operation.

Oswald Chambers war sieben Jahre mit Gertrude Hobbs, genannt Biddy, verheiratet, die beinahe alle seine Vorträge und Predigten mitstenografierte und die gesprochenen Worte ihres Mannes sortierte und zusammenstellte, um sie dann zu veröffentlichen. Auf diese Weise entstand auch das bekannteste, in vielen Sprachen verbreitete Buch „Mein Äußerstes für sein Höchstes".

Erstmals 1927 gedruckt, ist es bis heute als das meistverkaufte Andachtsbuch aller Zeiten auf dem Markt. Es ist zum Klassiker geworden, biblisch geortet, tiefgründig, und eine große Hilfe, um Jesus Christus besser kennenzulernen. Es wurde zu einem Wegweiser für das Leben im Glauben, die Führung in der Nachfolge, das Leben aus der Kraft Gottes. Stets machte Chambers Mut, Großes von Gott zu erwarten. Unüberhörbar auch immer wieder sein Hinweis, dass es zur rechten Nachfolge nur dann kommt, wenn Christus selbst in uns sein Leben lebt. Die lebendige Sprache bringt seine tiefen geistlichen Gedanken erfrischend verständlich näher.

Die Botschaft von Chambers´ Predigten ist herausfordernd und bietet eine lebensverändernde Perspektive. Ich lernte sie in Amerika kennen. Abgeordnete, in deren Kreisen Chambers weit verbreitet war, schenkten mir ein Buch. Bis heute ist es bei meiner Frau und mir im täglichen Gebrauch. Ein Segen für uns.

Mit der Ihnen vorliegenden neuen Publikation hat es eine besondere Bewandtnis:

Oswald Chambers war fest überzeugt vom Konzept der „Saatgedanken“ - kurzen, markanten Sätzen, die Aufmerksamkeit wecken und zum Nachdenken anregen. Sowohl im Bible Training College London als auch im CVJM Wüstencamp Zeitoun in Ägypten hat Chambers an einem zentral angebrachten Schwarzen Brett täglich einen „Gedanken zum Tag" angeheftet. Meist handelte es sich dabei um einen geistlichen Impuls, es konnte aber auch ein humorvoller Kurzbeitrag sein. Nach einer Überschwemmung im Zeitoun-Feldlager konnte man zum Beispiel an der Barackentür von Chambers lesen: „Während der U-Boot-Manöver geschlossen“.

Frau Chambers war auch noch nach dem frühen Tod ihres Mannes in Ägypten und veröffentlichte dort 1918 den „Saatgedanken-Kalender“, der jeweils einen kurzen Denkanstoß, ausgewählt aus den Vorträgen von Chambers, für jeden Tag des Jahres enthielt. Das kleine, dünne Büchlein passte bestens in die Brusttasche der Soldatenuniform.

Als Buch wurden diese Impulse für den Tag unter dem Titel „Run Today´s Race“ erstmalig 1968 publiziert und herausgegeben von der Tochter von Oswald und Biddy Chambers, Kathleen Chambers (1913 - 1997). Unter dem Titel „Bis Christus euer Leben prägt“ erscheint es nun erstmalig in deutscher Sprache.

Kathleen Chambers schrieb noch ein Jahr vor ihrem Tod in einem Geleitwort zu einer Neuauflage: „Möge Gott alle segnen, die dieses Buch lesen, und mögen diese Gedanken lebendig sein, weil die Kraft Gottes hinter ihnen steckt."

Diesem Wunsch von Kathleen Chambers kann ich mich nur vollinhaltlich anschließen, auch in dem Wissen, dass niemand einen Segen nur für sich selbst empfängt.

Friedrich Hänssler, März 2014

JANUAR

1. JANUAR

Gott ist mir so unmittelbar nah und so unglaublich stark, dass ich ihm immer fröhlicher vertraue und immer weniger darauf achte, wie ich mich fühle.

2. JANUAR

Jesu Leben ist uns voll und ganz gegeben, wenn wir uns mit seinem Tode eins machen. Wir haben das Auferstehungsleben Jesu als Rückhalt, das von nichts überwunden werden kann.

3. JANUAR

Der Geist Gottes verändert meine vorherrschenden Wünsche; er verändert das, was wichtig ist, und ein Universum von Wünschen, das mir bislang verschlossen war, eröffnet sich mir mit einem Mal.

4. JANUAR

Es ist ein besonderer Moment, wenn uns bewusst wird, dass wir die Macht haben, bestimmte Stimmungen zu ersticken; eine unglaubliche Befreiung, wenn wir jede Art von Ichbezogenheit loswerden und nur eines im Blick haben: die Beziehung zwischen Gott und uns.

5. JANUAR

Glaube an meine Befreiung ist nicht das gleiche wie Glaube an Gott. Glaube bedeutet, dass ich, egal, ob ich tatsächlich befreit werde oder nicht, bei meiner Überzeugung bleibe, dass Gott Liebe ist. Es gibt ein paar Dinge, die man nur im Feuerofen lernen kann.

6. JANUAR

Es ist leicht, das geistliche Leben zu einer Kathedrale für schöne Erinnerungen zu machen; aber es gibt Füße, die man waschen muss, große Hindernisse, die man überwinden muss, und Menschen, die auf Essen warten. Nur wenige von uns begeben sich auf diesen Weg, aber es ist derjenige, den der Sohn Gottes gegangen ist.

7. JANUAR

Glaube an das, was du gesehen hast, als du im Licht warst, und wenn du im gepflügten Feld stehst und Gottes Jahreszeiten über dich hinwegziehen - der Rest des kalten, harten Winters, die Anfänge der merkwürdigen, schmerzhaften Vorboten des Frühlings: Bleib ihm hingegeben. Er weiß, welche Jahreszeiten er deiner Seele schicken muss, genau wie auch der Natur.

8. JANUAR

Schnell neigt man dazu, zu sagen: „Ach, Gott wird nicht so streng sein und erwarten, dass ich das aufgebe!“, *aber das wird er*; „Er wird nicht von mir erwarten, dass ich im Licht wandle, sodass ich nichts zu verbergen habe“, *aber das wird er;* „Er wird nicht erwarten, dass ich mich in allem auf seine Gnade verlasse“, *aber das wird er.*

9. JANUAR

Gott treibt unsere „Auf keinen Fall“ in die Enge, bis sie bersten. Es muss nicht dazu kommen, aber Gott wird es tun, wenn ich auf die kleinen Ungehorsamkeiten bestehe, von denen allein ich weiß; denn sie rufen in mir einen Geist hervor, den Gott nicht erlauben kann.

10. JANUAR

Das christliche Leben ist das einfachste, fröhlichste und unbeschwerteste Leben, wenn es gelebt wird, wie Jesus es gelehrt hat. Die Entwicklung unseres Lebens setzt sich aus zufälligen Momenten zusammen, aber hinter ihnen steht Gottes Ordnung.

11. JANUAR

Für die meisten von uns ist Gebet zu einer frommen Phrase geworden, zu einem schönen Gefühl, zu mystischer Verbundenheit mit Gott. Beten ist sinnlos, wenn wir nicht als Kinder Gottes leben. Dann sagt Jesus: „Bittet, so wird euch gegeben“ (Matthäus 7,7).

12. JANUAR

Demut ist *das* Markenzeichen eines Heiligen. Vorsicht vor überheblicher Selbstgefälligkeit, wenn Gottes Gnade doch alles für dich getan hat!

13. JANUAR

Wenn du auf etwas Bestimmtes in Gottes Wort stößt, achte auf deine äußeren Umstände; die Tyrannei der Dinge wird deinen Glauben entweder in Gefahr bringen oder wachsen lassen.

14. JANUAR

Gott muss uns für unsere oberflächliche, gedankenlose Vertrautheit mit Jesus Christus tadeln; wir haben vergessen, wer *er* ist.

15. JANUAR

Nimm dich vor den Stürmen des geistlichen Zweifels in Acht. Die Sicherheit im Leben eines Heiligen liegt in seiner Beziehung zu Jesus und dem Gehorsam seinem Wort gegenüber.

16. JANUAR

Es ist leicht, Gott zu vertrauen, wenn wir dem Geld nicht hinterherjagen müssen; doch in dem Moment, in dem der Penny, den wir nicht haben, eine große Rolle spielt, gestatten wir der Sorgenfliege, unser ganzes Leben so zu stören, dass wir den Frieden Gottes verlieren.

17. JANUAR

Wenn du ein Heiliger bist, wird Gott deine Pläne ständig durcheinanderbringen, und wenn du zu sehr an deinen Plänen hängst, wirst du das unausstehlichste Wesen auf Erden werden, ein reizbarer Heiliger.

18. JANUAR

Der Apostel Jakobus möchte nichts mit frommem Gerede zu tun haben, das nicht vom Leben gedeckt ist. Fromme Worte ohne Werke sind nur heiße Luft.

19. JANUAR

Zurückhaltung lässt uns unnahbar erscheinen, und obwohl sie vielleicht zunächst nur äußerlich ist, wird sie sich langsam, aber sicher, ihren Weg ins Herz fressen und zu einer Form der Ichbezogenheit werden.

20. JANUAR

Besitzempfinden reicht aus, um uns geistlich taub werden zu lassen. Vorsicht vor dem Chaos, das die Winde Gottes mit unserer Habe anstellen können.

21. JANUAR

Liebe, die „gesprochen“ wird, birgt niemals ein Risiko. Wenn Liebe jedoch schweigt, wird sie zum gehüteten Schatz und wird dadurch geschwächt. Gehe mit ihr offen um, grübele nicht heimlich über Dingen.

22. JANUAR

Wenn wir Erziehung, welcher Art auch immer, ablehnen, wird das unser ganzes Leben von Gottes Zielen abbringen.

23. JANUAR

Gott hat immer Antworten auf die stolpernden Fragen, die bei persönlichen Problemen aufkommen. Auf unserer Stirn stehen lauter Fragezeichen, aber wir warten nicht auf die Antwort, weil wir nicht vorhaben, auf sie zu hören.

24. JANUAR

Wenn Gott seinen Heiligen Geist in uns legt, können wir sagen: „Auch wenn es jetzt gerade schwarz wie die Nacht um mich ist, werde ich nicht akzeptieren, dass Jesus Christus beleidigt wird."

25. JANUAR

„Damit ihr erkennt, zu welcher Hoffnung ihr von ihm berufen seid" (Epheser 1,18) - habe ich zugelassen, dass meine Gedanken nicht mehr auf die Hoffnung Jesu Christi ausgerichtet sind, und mir ein anderes Ziel für mein Leben gesucht? Früher oder später müssen wir uns - entweder verzweifelt oder frohlockend - an Jesu Standard für uns orientieren.

26. JANUAR

Petrus bringt Leiden, „weil Gott es so will", damit in Verbindung, aktiv Gutes zu tun (1. Petrus 4,19; NLB). Die Menschen, die dir die meiste Unterstützung erweisen, sind diejenigen, die selbst vom Leid so gebeutelt werden, dass du ins Wanken geraten würdest.

27. JANUAR

„Bis Christus euer Leben prägt" (Galater 4,19; NLB) – das zeigt mir, wie weit meine Verantwortung geht. Darf er sich in mir offenbaren oder sage ich: „Das lasse ich nicht mit mir machen"? Dann wird mein Versagen auf Jesus zurückfallen.

28. JANUAR

Der eine große Feind der Nachfolge ist Eigensinn, geistlicher Eigensinn. Wir vergöttern Unabhängigkeit und Ungehorsam und geben ihnen falsche Namen.

29. JANUAR

Wenn unser Boden brachliegt, sät Gott neue Samen, und die Ernte ist die reife Frucht Gottes; andernfalls ist es nur die reife Frucht, die die Natur hervorbringt. Brache ist immer das Geheimnis geistlichen Wachstums.

30. JANUAR

Wenn du durch Gottes Gnade zu einer neuen Gesinnung gelangst, werden deine Nerven, die daran gewöhnt sind, der falschen Gesinnung zu folgen, sicherlich sagen: *„Das geht nicht"*, und du musst antworten: *„Doch"*. Überrascht wirst du feststellen, dass es geht.

31. JANUAR

Darf ich dich inständig bitten, so als würde Jesus dich anflehen: Sei der himmlischen Vision nicht ungehorsam. Es gibt nur einen Sinn in deinem Leben, und der ist, dem Herrn Jesus Christus Freude zu machen.

FEBRUAR

1. FEBRUAR

Interesse entsteht automatisch, für Aufmerksamkeit muss man sich entscheiden. Einer der wichtigsten Bestandteile des geistlichen Lebens ist, einen Ort zu haben, wo man sich bewusst der Wirklichkeit widmet. Das ist die wahre Bedeutung von Gebet.

2. FEBRUAR

Christsein lässt keinen Raum für Heldenmut. Es ist leicht, sich im Lehnstuhl heroisch zu fühlen, wenn alles gut läuft; doch Christsein hat mit Gottes Standard im Alltag zu tun, wenn man auf den Beinen ist und die Dinge nicht gut laufen.

3. FEBRUAR

Was wir als Krisen bezeichnen, ist für Gott nebensächlich, und was Gott als die großen Krisenmomente im Leben des Menschen offenbart, betrachten wir als alltägliche Banalitäten. Wenn wir eine geistliche Sicht entwickeln, erkennen wir, dass Gott in den alltäglichen Banalitäten war, ohne dass wir es merkten.

4. FEBRUAR

Überdenke – im Gebet, beim Lobpreis oder um der Wahrheit willen – dein Schweigen, als du so auf deine eigene Befindlichkeit bedacht warst, dass du nicht das Wort gesprochen hast, das eine Seele vor einem schrecklichen Fehler bewahrt hätte.

5. FEBRUAR

Stolz, Verachtung für die Menschen, mit denen du sprichst, verschließen deinen Mund schneller als alles andere. Wenn du redest, achte darauf, dass hinter deiner Stimme das Leben Gottes steht.

6. FEBRUAR

Unerschrockene Hingabe an Jesus Christus sollte heute den Heiligen prägen, aber viel häufiger ist es die Hingabe an unseren Freundeskreis, die uns prägt. Es ist uns wichtiger, mit Christen einer Meinung zu sein als mit Gott.

7. FEBRUAR

Nichts wird dich mehr herausfordern als das, was das Neue Testament zur elenden, kleinkarierten Einstellung, auf dem eigenen Recht zu bestehen, zu sagen hat. Der Heilige Geist gibt mir die Kraft, auf meine Rechte zu verzichten.

8. FEBRUAR

Hüte dich allezeit vor Versprechen, sie sind riskant. Wenn du versprichst, etwas zu tun, und tust es nicht, führt das dazu, dass deine Moral geschwächt wird. Wir sind alle so wortgewandt, wenn wir etwas zusagen und dann nicht danach handeln, und merken dabei gar nicht, wie uns unsere Energie, das Richtige zu tun, abhanden kommt.

9. FEBRUAR

Wie oft haben wir uns mit Schwierigkeiten auseinandergesetzt, die niemals kamen. Und jedes Mal, wenn wir das taten, haben wir uns für die Pflicht direkt vor unserer Nase untauglich gemacht. Ich sollte nicht über etwas anderes nachdenken. Meine Pflicht ist immer die, die gerade ansteht.

10. FEBRUAR

Kommt deine Leidenschaft für Nichtchristen daher, dass deine Errettung dich so deutlich verändert hat, dass du dich von deiner rechten Hand trennen würdest, damit alle anderen den gleichen Punkt erreichen?

11. FEBRUAR

Wir würden niemals merken, dass unser Geist falsch liegt, wenn Jesus ihn nicht tadeln würde, denn unserem Verständnis nach liegt er absolut richtig (Lukas 9,55). Wir sollten vor allem darauf achten, wie unser Gewissen beeinflusst wird: Ist mein Geist von angeborener Selbstbehauptung geprägt oder von disziplinierter Selbstüberwindung?

12. FEBRUAR

Der Grund, warum über Nebensächlichkeiten so viel gestritten wird, ist mangelnde geistliche Unterordnung; man weigert sich, sich ganz mit Jesus Christus und seinem Wort zu vermählen.

13. FEBRUAR

Es ist möglich, dass christliche Aktivitäten aktiven Ungehorsam gegenüber Gott darstellen. Wir arbeiten lieber für Gott, als einen Moment still vor ihm zu sitzen und uns vom Licht des Heiligen Geistes durchleuchten zu lassen.

FEBRUAR

14. FEBRUAR

Das Kreuz der Nachfolge ist, dass ich meiner menschlichen Natur täglich und stündlich voller Freude sage, dass ich nicht mir selbst gehöre, dass ich nicht länger auf meinem Recht auf mich selbst bestehe.

15. FEBRUAR

Bestehe darauf, an jedem Ort, wo du bist, für Gott die Initiative zu ergreifen. Entscheide dich dazu, als Arbeiter für Gott immer als Erster zur Stelle zu sein.

16. FEBRUAR

„Verlass dich auf den Herrn mit ganzem Herzen" (Sprüche 3,5). Dies ist die Einstellung des Geistes und des Herzens, die dich dazu freimacht, die anstehende Aufgabe ohne viel Aufhebens zu tun.

17. FEBRUAR

Du wirst an deinem unverschämten Beharren darauf, für jemand anderes Schicksal spielen zu wollen, immer ablesen können, ob du persönlich an Gott glaubst.

18. FEBRUAR

Wenn ich mir ständig Sorgen darüber mache, ob Gott möchte, dass ich dies oder jenes sage, bedeutet das, dass ich schwach bin. Darin scheint nicht das Licht vom Wissen der Herrlichkeit Gottes auf; es bedeutet, dass ich ein unsicherer geistlicher Schnösel bin.

19. FEBRUAR

Nimm dich vor geistlicher Härte in Acht. Wenn du je auch nur den geringsten Anflug davon bei dir wahrnimmst, leg alles andere zur Seite, bis du deine Weichheit dem Geist Gottes gegenüber zurückbekommst.

20. FEBRUAR

Lass niemals zu, dass der gesunde Menschenverstand zu viel Gewicht bekommt und den Sohn Gottes beiseitedrängt. Der gesunde Menschenverstand ist ein Geschenk, das Gott den Menschen gegeben hat; aber es ist nicht das Geschenk seines Sohnes. Überhöhe niemals den gesunden Menschenverstand. Der Sohn sieht den Vater; der gesunde Menschenverstand hat den Vater bisher noch nie gesehen und wird es auch nie tun.

21. FEBRUAR

Gottes Vorsehung geschieht an dir unversehens und führt zu Unruhe oder Glauben. Wenn sie dich in Schrecken versetzt, findest du keine Nahrung im Wort Gottes. Die kleinste Berührung vom Flügel des Engels Gottes reicht dann aus, um dich davon abzuhalten, dich auf Gott auszurichten, und die Bibel hilft dir nicht weiter.

22. FEBRUAR

Menschen tun das Falsche, weil sie kein höheres Interesse haben; kommt einmal eine Krise, verschwindet die Geistlosigkeit.

23. FEBRUAR

Es gab im Leben des Herrn nichts Profanes. Im Leben eines Heiligen müssen das Heilige und das Profane ganz ihm gehören, das eine muss das andere ausdrücken. Wenn ich mich bewusst vom Oberflächlichen zum Tiefgehenden hinwenden muss, stimmt irgendetwas überhaupt nicht - nicht im Oberflächlichen, sondern im Tiefgehenden.

24. FEBRUAR

Es dauert eine Zeit, bis man versteht, dass nichts, was man Gott bringen könnte, für ihn von Bedeutung ist; alles, was er von uns will, ist bedingungslose Hingabe.

25. FEBRUAR

Es gibt nichts, was geistliche Fäulnis so zielsicher aufdeckt, wie wenn man mit den Lippen, nicht mit dem Willen bittet. „Bittet, *um was ihr wollt*", sagte Jesus (Johannes 14,14; NLB).

26. FEBRUAR

Das herausragendste Merkmal der übernatürlichen Gnade Gottes in einem Leben ist in Jesu Augen die Vergebung. Bei der Vergebung manifestiert sich auf übernatürliche Weise ein Wunder in dir und mir.

27. FEBRUAR

Das Geheimnis, warum wir für Gott so ineffizient sind, ist, dass wir nicht glauben, was er uns über das Gebet sagt. Gebet ist nicht rational, sondern es rettet. Kleine Gebetbücher sind voller „Aber". Das Neue Testament sagt, dass Gott Gebete immer erhört. Entscheidend ist nicht: „Glaubst du?", sondern: „Werde ich, der ich Jesus Christus kenne, um seinetwillen glauben?" (vgl. 1. Johannes 5,14-16).

28. FEBRUAR

Wir sind nie wieder die Gleichen, wenn wir Jesus Christus erkannt haben. An unseren Ewigkeitsmomenten werden wir einmal gemessen werden.

MÄRZ

1. MÄRZ

Murren zerstört die Großzügigkeit wie eine Motte die Kleidung – langsam, aber vollständig.

2. MÄRZ

Wenn du auch nur ein kleines bisschen Groll gegen jemanden hegst, wirst du ab dieser Sekunde nicht mehr weiter in die Erkenntnis Gottes vordringen.

3. MÄRZ

„Ich habe dich erwählt" (Jesaja 41,9; NLB). Glaube fest an diese Aussage über deine Bedeutung. Nicht du hast Gott, sondern er hat dich. Warum ist Gott in mir an der Arbeit, biegt mich, bricht mich, formt mich, handelt an mir, wie er es für richtig hält? Zu einem einzigen Ziel. Damit er sagen kann: „Das ist mein Mann, meine Frau."

4. MÄRZ

Demut ist kein Ideal, sondern das automatische Ergebnis eines Lebens, das in guter Beziehung zu Gott steht.

5. MÄRZ

Wir haben die Vorstellung, dass das Beste, was wir tun können, darin besteht, dass wir unsere Arbeit in Eile erledigen, damit wir Zeit allein mit Gott haben. Wenn wir sie dann aber auf diese Weise verbringen, ist sie abgestanden, nicht frisch und kraftvoll, und wir sind unzufrieden, statt uns gestärkt zu fühlen. Dann wieder sprudelt inmitten unserer Arbeit plötzlich eine wunderbare Quelle der inneren Erkenntnis auf. Sie ist so erholsam, dass wir Gott dafür danken und nicht wissen, woher sie kam.

6. MÄRZ

Die einzige Einfachheit, die es gibt, ist die Einfachheit eines Lebens, das Jesus treu ist, nicht einer Theorie über ihn (2. Korinther 11,3). Man kann sein Herz nicht an etwas binden, das allein logisch stimmig ist.

7. MÄRZ

Wenn dir in Bezug auf ein bestimmtes Thema die Worte fehlen, bemüh dich, sie zu finden. Du musst dich anstrengen und es probieren, dann wird irgendwann die Zeit kommen, in der deine Worte eine Stärkung für jemand anderen sind. Versuch, für dich selbst zu formulieren, was für dich der Kern der Wahrheit Gottes ist, und gib Gott die Chance, sie an jemand anderen durch dich weiterzugeben.

8. MÄRZ

Stilles Vertrauen auf Gott ist die Gemüts- und Herzensverfassung, die am besten dazu geeignet ist, die anstehende Pflicht ohne jedes Aufheben zu tun.

9. MÄRZ

Wir haben unsere Mitmenschen als Sünder abgestempelt. Wenn Gott uns so richtete, würden wir in der Hölle landen. Gott richtet uns durch die wunderbare Sühne Christi.

MÄRZ

10. MÄRZ

Ein Gott, der nicht die tiefste Tiefe von Not und Leid kennt, wäre ein Gott, „der als Gott nicht geeignet wäre“.

11. MÄRZ

Du kannst dich niemals selbst durch rein äußerliche Taten heilig machen, aber wenn du heilig bist, werden deine äußerlichen Taten der natürliche Ausdruck von Heiligkeit sein.

12. MÄRZ

Verschwende deine Zeit nicht damit, Gott darum zu bitten, dich von bestimmten Dingen abzuhalten – tu sie einfach nicht!

13. MÄRZ

Gott macht es Freude, mich an einen Ort zu bringen, wo er mich reich machen kann. „Folge mir nach, und du wirst einen Schatz im Himmel haben“ (vgl. Matthäus 19,21).

14. MÄRZ

Man kann sich schnell im Nebel verirren, wenn man über den Willen Gottes spricht, aber wenn man ihn nicht kennt, ist man selbst schuld.

15. MÄRZ

Je komplizierter die Umstände sind, desto wunderbar freudiger ist es, wenn man sieht, wie Gott seinen Weg hindurchbahnt.

16. MÄRZ

Wenn wir uns allein auf unsere eigene Erkenntnis verlassen, beten wir nicht mehr und setzen alles auf unser Tun. Haben wir von außen betrachtet Erfolg, versagen wir ewig betrachtet. Aus ewiger Perspektive hat man nur durch anhaltendes Gebet Erfolg.

17. MÄRZ

Die Welt, das Fleisch und der Teufel werden dir scheinbaren Kummer genau dann in den Weg legen, wenn Jesus Christus möchte, dass du an seinem Leiden teilhast.

MÄRZ

18. MÄRZ

Es gibt im geistlichen Leben keine drei verschiedenen Bereiche: Lobpreis, Warten und Arbeit. Manche springen umher wie geistliche Frösche – vom Lobpreis zum Warten und vom Warten zur Arbeit. Gottes Idee war es, dass die drei zusammengehören. Im Leben unseres Herrn gingen sie immer Hand in Hand.

19. MÄRZ

Möge Gott schenken, dass wir dahin kommen, dass Entmutigung so undenkbar für uns ist wie für Jesus. Das eine vorherrschende Merkmal seines Lebens war, dass er den Willen des Vaters tat.

20. MÄRZ

Wenn wir den Heiligen Geist empfangen, macht er uns zu leidenschaftlichen Nachfolgern Jesu Christi. Dann werden aus unseren Leben jene Ströme lebendigen Wassers fließen, die heilen und segnen, und wir verausgaben uns und leiden und harren geduldig wegen des Einen, und nur seinetwegen.

21. MÄRZ

Wenn wir versuchen, uns zu schonen, führt das zu Überdruss. Gib das Äußerste, das du hast; Gottes Vermögen, dich wiederherzustellen, übertrifft bei Weitem deinen Einsatz.

22. MÄRZ

„Deshalb ist es gut, still zu werden und auf die Befreiung durch den Herrn zu warten" (Klagelieder 3,26; NLB) - still warten, sein Joch auf sich nehmen, ruhig sitzen. All diese Eigenschaften findet die Welt lächerlich. Spott offenbart am schnellsten, ob wir mit Jesus eins sind. Wenn wir es nicht sind, möchten wir uns immer rechtfertigen.

23. MÄRZ

Merke auf, wann immer du deine guten Taten bemerkst, denn du ruinierst sie durch deine Beachtung (Matthäus 6,2).

24. MÄRZ

Unser Verständnis von Opfer ist, dass uns etwas entrissen wird, das wir nicht aufgeben möchten - auf schmerzhafte, quälende und bedrängende Weise. Die biblische Vorstellung von Opfer ist, dass ich das Allerbeste, was ich habe, als Geschenk der Liebe gebe.

25. MÄRZ

Wenn du es nicht lernst, im ersten Moment des Aufwachens die Tür weit aufzureißen und Gott einzulassen, wirst du den Rest des Tages in einer falschen Sphäre arbeiten; doch wenn du die Tür weit aufmachst und im Verborgenen zu deinem Vater betest, wird alles in deiner Welt den Stempel der Gegenwart Gottes tragen.

26. MÄRZ

Gott übernimmt, wo meine Hilflosigkeit beginnt - das ist die Basis für den Eintritt ins Himmelreich. „Selig sind, die da geistlich arm sind" (Matthäus 5,3; LUT).

27. MÄRZ

Gott kann uns seine unergründlichen Reichtümer nicht anvertrauen, wenn wir nicht im Kleinen treu sind. „Die Sorgen dieser Welt“ werden uns dazu verleiten, die nebensächlichsten Dinge als die wichtigsten zu betrachten.

28. MÄRZ

Übersieh niemals Tatsachen, nur weil sie nicht mit deiner Theorie übereinstimmen.

29. MÄRZ

„Warum lasst ihr euch nicht lieber übervorteilen?“, fragt Paulus (1. Korinther 6,7). Wer kann besser übervorteilt werden als ein Christ? Doch wir übernehmen die Maßstäbe dieser Welt und bestehen auf unseren Rechten.

30. MÄRZ

„Als sie aber ihre Augen aufhoben, sahen sie niemand als Jesus allein“ (Matthäus 17,8). Ist irgendjemand „außer Jesus allein“ in deiner Wolke? Falls ja, wird es dunkler werden; du musst an den Punkt kommen, wo es „niemand außer Jesus allein“ gibt.

31. MÄRZ

„Und er tat dort nicht viele Zeichen wegen ihres Unglaubens“ (Matthäus 13,58). Wenn wir wirklich glaubten, dass Gott gemeint hat, was er gesagt hat – wie sähe unser Leben dann aus? Wage ich, Gott all das für mich sein zu lassen, was er verspricht zu sein?

APRIL

1. APRIL

Mein Leben mag übervoll sein von kleinen Belanglosigkeiten, die ganz und gar nebensächlich und gewöhnlich sind, doch wenn ich Jesus Christus in diesen zufälligen Umständen gehorche, werden sie zu Gucklöchern, durch die ich das Gesicht Gottes sehen kann. Und wenn ich Gott von Angesicht zu Angesicht gegenüberstehe, werde ich herausfinden, dass durch meinen Gehorsam Tausende gesegnet wurden.

2. APRIL

Oberflächlich zu sein, ist kein Anzeichen für Sündhaftigkeit noch für mangelnde Tiefgründigkeit; auch der Ozean hat eine Küste. Die oberflächlichen Annehmlichkeiten des Lebens - Essen, Trinken, Spazierengehen, Reden - sind alle von Gott geschenkt. Diese Dinge lebte auch unser Herr. Er lebte sie als der Sohn Gottes und er sagte, dass „der Jünger nicht über dem Meister steht" (Matthäus 10,24).

3. APRIL

Weise jeden anderen Gedanken zurück und halte dich vor Gott allein dafür bereit: „mein Äußerstes für sein Höchstes“. Ich bin entschlossen, ihm ganz und gar zur Verfügung zu stehen, ihm allein.

4. APRIL

Wann immer Gottes Wille im Zentrum steht, verschwindet jeder Zwang. Wenn wir uns bewusst dafür entscheiden, ihm zu gehorchen, dann wird er in seiner Allmacht den entferntesten Stern und das letzte Körnchen Sand in Bewegung setzen, um uns zu helfen.

5. APRIL

Sich mit dem Tod von Jesus Christus eins zu machen, bedeutet, sich *mit* ihm mit dem Tod von allem, was niemals in ihm war, zu identifizieren.

6. APRIL

Fürbitte lässt dir weder die Zeit noch den Wunsch, für dein eigenes „trauriges, liebes Selbst" zu beten. Der Gedanke an dich selbst wird nicht verdrängt; er ist gar nicht erst da. Du machst dich ganz und gar mit Gottes Interesse am Leben anderer eins.

7. APRIL

Glaube muss der *Wille* zu glauben sein. Man muss den eigenen Willen ganz hingeben, nicht weil man überredet worden wäre, sondern weil man ihn bewusst an Gott übergibt und an alles, was er sagt. Schließlich setzt man sein Vertrauen nicht mehr auf das eigene Handeln, sondern allein auf Gott. Dem kann im Wege stehen, dass man sich nicht auf Gott verlässt, sondern nur auf sein eigenes Denken.

8. APRIL

Impfe deinen Verstand mit der Vorstellung, dass Gott da ist. Keine Einzelheit geschieht, ohne dass Gottes Wille dahinter steht; deswegen darfst du ihm völlig vertrauen.

9. APRIL

„Wenn nun Gott das Gras auf dem Feld so kleidet … wie viel mehr …“ (Matthäus 6,30). Jesus sagt, wenn wir dem Leben gehorchen, das Gott uns gegeben hat, wird er sich um alle anderen Dinge kümmern. Hat uns Jesus Christus angelogen? Wenn wir „viel mehr“ nicht erleben, liegt das daran, dass wir dem Leben nicht gehorchen, das Gott uns gegeben hat; wir haben die Prioritäten durcheinandergebracht.

10. APRIL

Alles, was ich tue, sollte darin begründet sein, dass ich ganz eins mit ihm bin, und nicht darin, dass ich eigenwillig beschlossen habe, gottgefällig zu sein. „Der Gott Israels, er ist es, der Stärke und Kraft gibt dem Volk“ (Psalm 68,36; ELB).

11. APRIL

Es gibt bestimmte Gemütszustände, denen wir keinesfalls jemals nachgeben sollten. Wenn wir merken, dass sie uns vom Glauben an Gott ablenken, wird unser Vertrauen auf Gott schwinden und wir werden uns vor allem vom Fleisch und von menschlichem Einfallsreichtum bestimmen lassen - und zwar so lange, bis wir zur ruhigen Gesinnung vor Gott zurückfinden.

12. APRIL

Wenn wir steif und fest behaupten, dass Gott Gebet erhört, liegen wir schief. Gebet bedeutet, dass wir Gott erreichen, nicht die Erhörung.

13. APRIL

Wir haben eine der wunderbarsten Offenbarungen Gottes, wenn wir lernen, dass sich die Göttlichkeit Jesu Christi in den alltäglichen Dingen zeigt.

14. APRIL

Heiligung ist höchste Konzentration auf Gottes Sicht der Dinge. Es bedeutet, jede Kraft von Körper, Seele und Geist zu fesseln und sie allein Gottes Zwecken zur Verfügung zu stellen.

15. APRIL

Denke daran, wem du gehörst und wem du dienst. Ermahne dich dazu, dich zu erinnern, dann wird sich deine Liebe zu Gott verzehnfachen; deine Vorstellungskraft wird nicht länger verkümmern, sondern flink und begeisterungsfähig sein, und deine Hoffnung wird unbeschreiblich leuchten.

16. APRIL

Solange es einen Menschen gibt, der Jesus Christus nicht kennt, stehe ich in seiner Schuld, bis er es tut. Die treibende Kraft hinter dem Dienst des Paulus war nicht Liebe zu Menschen, sondern Liebe zu Jesus Christus.

17. APRIL

Wir beschneiden Gottes Dienst an uns in dem Moment, in dem wir vergessen, dass er allmächtig ist; wir beschneiden uns selbst, nicht ihn. Wir kommen dann zu Jesus, damit er uns tröstet oder versteht, aber nicht, weil er allmächtig ist.

18. APRIL

Ungetrübtes Leuchten gründet sich nicht auf Vergänglichem, sondern auf der Liebe Gottes, die unveränderbar ist. Die Erfahrungen des Lebens, ob schrecklich oder ereignislos, sind nicht in der Lage, „die Liebe Gottes, die in Christus Jesus ist, unserm Herrn“ (Römer 8,39), anzutasten.

19. APRIL

Ich erhebe Anspruch darauf, dass Gott seine Versprechen erfüllt, und das ist richtig, aber nur die menschliche Seite dessen; die göttliche Seite ist Gottes Anspruch auf mich, den ich durch die Versprechen anerkenne.

20. APRIL

Der kennt keine Angst, dessen Leben „mit Christus in Gott verborgen ist" (Kolosser 3,3), doch es wartet nicht nur Angst, sondern fürchterliche Gefahr auf denjenigen, dessen Leben nicht von Gott bewacht wird. „Wer unter dem Schirm des Höchsten sitzt" (Psalm 91,1) - wer einmal *dort* ist, selbst wenn er von Gottes Vorsehung in die Hölle geführt würde –, ist so sicher und geborgen, wie es dem allmächtigen Gott nur möglich ist.

21. APRIL

Wir müssen die Grenzen des Todes begreifen - dass wir genauso wenig ins ewige Leben eingehen können, wie ein Mineral ins Gemüsereich gelangen kann. Wir können nur ins Reich Gottes kommen, wenn Gott sich niederbeugt und uns erhebt. Und genau das hat Jesus Christus versprochen.

22. APRIL

Das Wunder der Gnade Gottes ist, dass er die Vergangenheit machen kann, als wäre sie nie geschehen. Er kann „zurückgeben, was die Heuschrecken, die Grashüpfer, die Raupen und Käfer gefressen haben" (Joel 2,25; NLB).

23. APRIL

Solange uns der Teufel große Angst vor dem Denken einjagen kann, wird er das Werk Gottes in unseren Seelen beschränken.

24. APRIL

Schenk niemals dem Gedanken Glauben, dass es nicht viel Gewicht hat, was wir glauben oder denken, denn so ist es nicht. Was wir glauben und denken, sind wir; nicht, was wir sagen, das wir glauben und denken, sondern was wir wirklich glauben und denken, sind wir; es gibt da überhaupt keinen Unterschied.

25. APRIL

Lass dich von Gedanken an morgen heute nicht beunruhigen; lass das Morgen Morgen sein und verlass dich vertrauensvoll darauf, dass Gott ordnet, was du nicht siehst.

26. APRIL

Gott und Liebe sind Synonyme. Die Liebe ist keine Eigenschaft Gottes, sie *ist* Gott. Was immer Gott ist, ist die Liebe. Wenn dein Verständnis von Liebe nicht Gerechtigkeit und Gericht, Reinheit und Heiligkeit mit einschließt, hast du eine falsche Vorstellung von Liebe.

27. APRIL

Die Liebe entspringt in Gott. Das bedeutet, dass man sie nirgends sonst finden kann. Es ist absurd, wenn wir versuchen, die Liebe Gottes natürlicherweise in unseren Herzen zu finden. Sie ist dort genauso wenig wie das Leben von Jesus Christus. Liebe und Leben sind in Gott und in Jesus Christus und im Heiligen Geist, den Gott uns schenkt - nicht weil wir ihn verdienen, sondern wegen der ihm innewohnenden Gnade.

28. APRIL

Genauso, wie die Veranlagung zur Sünde durch einen Menschen in die Welt eintrat, kam der Heilige Geist durch einen anderen Menschen; und Errettung bedeutet, dass ich von der Erbsünde erlöst werde und durch Jesus Christus ein unbeflecktes Erbe empfangen kann, nämlich den Heiligen Geist.

29. APRIL

Gehorsam Jesus Christus gegenüber ist wesentlich, aber niemals Zwang. Am Anfang haben wir den Eindruck, dass das Leben als Christ von Freiheit geprägt ist, und das stimmt auch, aber Freiheit nur in Bezug auf eine Sache: Freiheit, unserem Meister zu gehorchen.

30. APRIL

Glaube ist nicht nur Kopfsache; Glaube ist das völlige, leidenschaftliche, ernsthafte Vertrauen unseres ganzen Wesens auf das Evangelium von Gottes Gnade, wie es sich im Leben, Sterben und der Auferstehung unseres Herrn Jesus Christus darstellt.

MAI

1. MAI

Beim Glauben geht es nicht um kluges Wissen; Glaube bedeutet bewusste Hingabe an eine Person, wenn ich selbst ratlos bin.

2. MAI

Du kannst niemals ermessen, was Gott durch dich tun möchte, wenn deine Beziehung zu Jesus Christus stimmt.

3. MAI

Mein Wert für Gott in der Öffentlichkeit liegt darin begründet, wer ich im stillen Kämmerlein bin. Strebe ich vor allem danach, ihm zu gefallen und für ihn nützlich zu sein, oder nach etwas anderem, wie edel es auch sein mag?

4. MAI

„Wenn wir aber im Licht wandeln, wie er im Licht ist …“ (1. Johannes 1,7). Im Licht zu wandeln bedeutet, seinem Maßstab zu entsprechen, der nun der unsere ist.

5. MAI

Gott schenkt niemals Kraft für morgen oder die nächste Stunde, sondern nur für die Anstrengung des Augenblicks … Der Heilige ist vergnügt, wenn er von Schwierigkeiten erdrückt wird, denn die Situation ist für jeden so wahnsinnig unmöglich außer für Gott.

6. MAI

Für diejenigen, die keinen Ort der Erholung haben, wird Gott selbst zum Berg der Ruhe und zu den endlosen Weiten des Meeres. Durch Gebet und Bibellese und Meditation verbringt das düstere Leben (äußerlich gesehen) herrliche Feierstunden mit Gott, während derer die Seele wiederhergestellt wird, selbst im Tal der tiefsten Dunkelheit.

7. MAI

Das Bollwerk des christlichen Glaubens ist die Freude Gottes, nicht meine Freude an Gott … Gott regiert und herrscht und freut sich, und seine Freude ist unsere Stärke.

8. MAI

Wenn wir sagen: „Dein Wille geschehe" - sagen wir das mit einem Seufzen? Wenn ja, haben wir nicht verstanden, dass Gottes Charakter heilige Liebe ist; nichts kann jemals außerhalb seines souveränen Willens geschehen.

9. MAI

Alles, was Satan und die Sünde besudelt haben, hält Gott in intaktem Zustand für all jene Menschenkinder bereit, die zu ihm auf dem Weg zurückkehren, den Jesus freigemacht hat (Römer 16,20).

10. MAI

Denke daran: Was auch geschieht, Gott ist da. ... Du kommst Gott niemals näher, wenn du die Tatsachen verdrängst, sondern nur, wenn du ihn in ihnen benennst; seien sie teuflisch oder nicht, sag: „Herr, ich danke dir, dass du hier bist."

11. MAI

Ich habe kein Recht zu sagen, dass ich glaube, Vergebungsbereitschaft sei eine Eigenschaft Gottes, wenn ich in meinem eigenen Herzen Unversöhnlichkeit hege. Die Vergebungsbereitschaft Gottes ist der Maßstab, an dem ich selbst gemessen werde.

12. MAI

Wie viele von uns geraten in Panik, wenn sie mit Verwüstung, ob durch Tod oder Krieg, mit Ungerechtigkeit, Armut, Krankheit konfrontiert werden? All das, in all seiner Wucht, wird denjenigen niemals erschrecken, der an die absolute Souveränität seines Herrn glaubt.

13. MAI

Es gibt Heilige, die von der Heiligkeit abkommen, weil sie sich übereifrig für Gott einsetzen, wo doch schon fünf Minuten des Nachsinnens über Gottes Wahrheit mehr nutzen würden als all ihre Arbeit und ihr Getue.

14. MAI

Bei allem, was der Teufel tut, sitzt Gott am längeren Hebel, so dass alles Gottes eigenen Zielen dient.

15. MAI

Normalerweise betrachtet ein Mensch sein Recht auf sich selbst als das Beste, was er hat, doch es ist die letzte Brücke, die Jesus Christus davon abhält, in dieses Leben verändernd eintreten zu können.

16. MAI

Christ zu sein bedeutet nicht, Jesus Christus zu dienen oder Seelen zu gewinnen; es bedeutet nichts weniger, als dass das Leben Jesu sich mehr und mehr in meinem sterblichen Fleisch offenbart.

17. MAI

Die Mächte der Dunkelheit werden vom Gebet schachmatt gesetzt. Kein Wunder, dass Satan versucht, unsere Köpfe so mit Aktivitäten beschäftigt zu halten, dass wir nicht mehr daran denken zu beten.

18. MAI

Hüte dich davor, Gottes Wahrheit einfacher zu machen, als er selbst sie gemacht hat.

19. MAI

Verschließe keinen einzigen Bereich deines Wesens, sondern lass Gott überall hinein, in jede Beziehung. Dann wirst du merken, wie der schreckliche Fluch von „weltlich und heilig“ verschwindet.

20. MAI

Wenn wir überhaupt Glauben haben, muss es Glauben an den allmächtigen Gott sein; wenn er etwas gesagt hat, wird er auch danach handeln, wir müssen ihm standhaft gehorsam bleiben.

21. MAI

Derjenige, der in wahrer Gemeinschaft mit dem Herrn Jesus Christus lebt, wird mit Katastrophen konfrontiert sein. Gott hat niemals versprochen, uns vor Unheil zu schützen; er sagt: „Ich bin bei ihm in der Not“ (Psalm 91,15), was ein großer Unterschied ist.

22. MAI

Wenn Jesus in einer Persönlichkeit wohnt, wird sie ihm ähnlich. „Lebt in der Liebe, wie auch Christus uns geliebt hat“ (Epheser 5,2). Jesus hat mich bis ins Letzte meiner Gemeinheit, Selbstsucht und Sünde geliebt; nun, sagt er, soll ich dieselbe Liebe anderen erweisen.

23. MAI

Warum bringt Gott Gewitterwolken und Katastrophen, wenn wir uns doch grüne Auen und frisch Wasser wünschen? Nach und nach entdecken wir hinter den Wolken die Füße des Vaters; hinter den Blitzen einen andauernden Tag ohne Nacht; hinter dem Donner die stille, sanfte Stimme, die mit unaussprechlichem Trost tröstet.

24. MAI

Egal wohin derjenige, der Jesus Christus hingegeben liebt, geht: Jesus ist bei ihm.

25. MAI

Durch die Erlösung verspricht Gott, sich der Vergangenheit des Menschen anzunehmen, und das auf zweierlei Art: Er vergibt ihm und er macht seine Vergangenheit zur wunderbaren Basis für die Zukunft.

26. MAI

Das, was einen Menschen vor Panik bewahrt, ist seine Beziehung zu Gott; wenn er sich nur auf sich selbst und seinen eigenen Mut stützt, könnte der Moment kommen, in dem ihn der Mut verlässt.

27. MAI

Christsein heißt, sich ganz auf die Ehre Jesu zu verlassen; seine Ehre besteht darin, dass er uns in Zeit, Tod und Ewigkeit beistehen wird.

28. MAI

Die große Notwendigkeit besteht nicht darin, Dinge zu *tun*, sondern sie zu *glauben.* Die Erlösung Christi ist keine Erfahrung, sondern die große Tat Gottes, die er durch Jesus vollbracht hat, und ich muss meinen Glauben darauf aufbauen.

29. MAI

Ein Mann oder eine Frau, die von Gott gerufen wurden, wiegen mehr als hundert, die einfach entschieden haben, für Gott *irgendetwas* zu arbeiten.

30. MAI

Nimm dich davor in Acht, die Schrift so zu interpretieren, dass sie zu einer vorher gefassten Lehrmeinung von dir passt.

31. MAI

Biblische Tatsachen sind entweder offenbarte Tatsachen oder Blödsinn. Es hängt von mir ab, was sie für mich sind.

JUNI

1. JUNI

Wir müssen unsere Vorhaben und Lasten unermüdlich auf ihn werfen und in jedwedem verwirrenden Augenblick auf ihn warten.

2. JUNI

Je stärker uns unsere Bedürftigkeit bewusst ist, desto mehr Befriedigung verschafft uns unsere Abhängigkeit von Gott.

3. JUNI

Hüte dich davor, im Meer von Gottes Wahrheit herumzuplanschen, wenn du weit draußen sein und schwimmen solltest.

4. JUNI

Der Heilige Geist zerstört mein Leben, das ich ganz für mich haben möchte, und macht es zu einem Kanal für Gott.

5. JUNI

Sei sorgsam sorglos mit allem außer deiner Beziehung zu Gott. Weigere dich, von den Sorgen dieses Lebens mitgerissen zu werden.

6. JUNI

Wann immer du den geringsten Zweifel hegst – stopp! Sag niemals: „Warum sollte ich nicht? Es wird schon nicht schaden."

7. JUNI

Der gereinigte Mensch, nicht der unschuldige, ist der bewahrte. Gott möchte, dass wir rein und rechtschaffen seien. Unschuld ist die Eigenschaft eines Kindes; es ist ein tadelnswerter Zustand, wenn sich der Mensch nicht mit der Tatsache der Sünde abgefunden hat.

8. JUNI

Es heißt niemals „Tu, tu" beim Herrn, sondern „Sei, sei", und er wird *durch* dich „tun".

9. JUNI

Auf genau jenen Meereswogen, die uns zu überwältigen drohen, schreitet der Sohn Gottes.

10. JUNI

Das Neue Testament sieht einen Christen als jemanden, in dem sich der Sohn Gottes offenbart, und Gebet sorgt dafür, dass dieses Leben genährt wird.

11. JUNI

Beim Gebet geht es nicht darum, Dinge äußerlich zu verändern, sondern in Bezug auf die Gesinnung eines Menschen Wunder zu bewirken. Wenn du betest, bleiben die *Dinge* gleich, aber *du* wirst nach und nach verändert.

12. JUNI

Um das Schwert des Geistes, das das Wort Gottes ist, schwingen zu können, müssen wir gehorchen, und dazu ist ein mutiges Herz vonnöten.

JUNI

13. JUNI

Wir alle sollten uns angewöhnen, beständig mit Gott durch Gebet in Kontakt zu sein.

14. JUNI

Wir müssen die Denkweise Christi ausbilden, bis wir ganz mit ihm beschäftigt sind und wir das Böse, das uns angetan wird, nicht mehr beachten. Keine Liebe dieser Welt schafft das außer der Liebe Gottes.

15. JUNI

Unglaube ist die aktivste Sache der Welt; er besteht aus einem verdrießlichen, sorgenden, fragenden, quengelnden, ichbezogenen Geist. Glauben heißt, mit all dem aufzuhören und Gott wirken zu lassen.

16. JUNI

Wenn Gott an erster Stelle steht, weißt du, dass dir niemals etwas einfallen wird, was er vergessen wird.

17. JUNI

Unser Herr ist nicht der große Lehrer der Welt, er ist der Retter der Welt und der Lehrer all derer, die an ihn glauben, was einen radikalen Unterschied macht.

18. JUNI

Das Leid, das daraus entsteht, wenn man sich in die Angelegenheiten anderer einmischt (wichtigtuerisch ist), ist extrem schmachvoll. Eine freie Übertragung von 1. Thessalonicher könnte auch lauten: „Bemüht euch darum, den Mund zu halten und euch um euren eigenen Kram zu kümmern." Von all den Texten, die wir an unsere Wände hängen, sollten wir diesen nehmen.

19. JUNI

Gott bringt uns beständig mit Menschen in Kontakt, die uns nicht liegen, und wenn wir nicht in der Anbetung Gottes stehen, ist es das Natürlichste, dass wir sie herzlos behandeln, ihnen Worte wie Speerstöße zuwerfen oder sie mit einem unwirschen Rat Gottes stehen lassen und gehen. Ein herzloser Christ muss Gott schrecklichen Kummer bereiten.

20. JUNI

Lass die Erinnerung frei walten. Sie unterstützt Gott mit ihrem Tadel und ihrer Züchtigung und ihren Sorgen. Gott wird das, „was hätte sein können", zu einer wunderbaren Basis für die Zukunft machen.

21. JUNI

„Wenn wir im Licht wandeln“ (1. Johannes 1,7), schenkt Gott uns Gemeinschaft mit Menschen, die uns natürlicherweise nicht liegen.

22. JUNI

„Denn wir sind für Gott ein Wohlgeruch Christi“ (2. Korinther 2,15). Wir sind umgeben mit dem Duft Jesu und sind für Gott wunderbar belebend, wohin wir auch gehen.

23. JUNI

Jesus sagte nicht: „Träumt im stillen Kämmerlein von Gott“, sondern: „Betet im stillen Kämmerlein zu Gott.“ Gebet ist ein Willensakt. Nachdem wir unseren ruhigen Ort aufgesucht und die Tür geschlossen haben, ist es am schwierigsten, wirklich zu beten. Der große Kampf beim persönlichen Gebet liegt darin, Tagträumereien zu überwinden.

24. JUNI

Haben wir genug Distanz zu unserer eigenen geistlichen Hysterie, um auf Gott zu warten? Warten heißt nicht, mit gefalteten Händen dazusitzen, sondern lernen zu tun, was uns aufgetragen ist. Solche Phasen seiner Wege mit uns erkennen wir nur selten.

25. JUNI

Gott hat mich bis ins Letzte meiner Sündhaftigkeit, meines Eigenwillens, meines Starrsinns, meines Stolzes, meiner Selbstsucht geliebt; jetzt sagt er: „Liebt einander, wie ich euch geliebt habe“ (Johannes 13,34). Ich soll meinen Mitmenschen dieselbe Liebe erweisen, die Gott mir erwiesen hat. So funktioniert Christsein praktisch.

26. JUNI

Die Bibel spricht viel über Freude, aber nirgends ist von einem „glücklichen Christen“ die Rede. Glück hängt von äußerlichen Ereignissen ab; Freude nicht. Denke daran, Jesus freute sich, und er betete, dass „meine Freude in ihnen vollkommen sei“ (Johannes 17,13).

27. JUNI

Die Menschen der Bibel stolperten über ihre Stärken, nie über ihre Schwächen. „Aus Gottes Macht bewahrt“ (1. Petrus 1,5) - das ist die einzige Absicherung.

28. JUNI

Gott hat alles in der Hand; wo immer er uns hinstellt, ist das eine große Ziel, unsere rückhaltlose Hingabe an ihn in unser Werk zu legen. „Alles, was dir vor die Hände kommt, es zu tun mit deiner Kraft, das tu“ (Prediger 9,10).

29. JUNI

Jesus sagte: „Gehet hin und machet zu Jüngern“ (Matthäus 28,19), nicht zu Anhängern eurer Meinungen.

30. JUNI

Wenn du für Gott nützlich sein willst, tritt in eine echte Beziehung mit Jesus Christus ein und er wird dich in jeder Minute deines Lebens gebrauchen, ohne dass du es merkst.

JULI

1. JULI

Ich habe kein Recht, Gott um Wunder zu bitten, wenn ich meine eigentliche Pflicht vernachlässige.

2. JULI

„Ich werde euch Ruhe geben“ (Matthäus 11,28; ELB) - keine vernünftige Erklärung, sondern die beständige Gewissheit, dass ich nicht aus dem Gleichgewicht gebracht werden kann.

3. JULI

Wir bedürfen der allmächtigen Gnade Gottes für den nächsten Schritt, wenn wir weder Sicht noch Zuschauer haben.

4. JULI

Lass nicht zu, dass Versagensängste deine nächste Tat beeinflussen.

5. JULI

Gottes Ordnung entsteht im Zufälligen und niemals, weil wir es so geplant und vorbereitet haben. Gott macht es große Freude, unsere Vorhaben zu zerschlagen.

6. JULI

Der Eifer, Gott zu dienen, könnte in Wahrheit nichts anderes sein – und ist es oftmals auch –, als ein Bestehen darauf, Gott solle zeigen, dass ich recht habe.

7. JULI

Durch den von Gott geschenkten freien Willen werden seine Söhne und Töchter offenbar. Wir sollen nicht wie Feiglinge sagen: „Es ist der Wille des Herrn." Wir müssen uns vor Gott auch nicht auf die Hinterbeine stellen oder mit ihm kämpfen, sondern sollen vor Gott mit den Dingen kämpfen.

8. JULI

Gott zieht uns für das zur Verantwortung, was wir nicht ansehen wollen. Nirgends werden wir an dem Licht gemessen, das wir haben, sondern an dem Licht, das wir verwehrt haben (Johannes 3,19).

9. JULI

Wenn Gott deinen Becher süß gemacht hat, trinke ihn gerne; hat er ihn bitter gemacht, trinke ihn in Gemeinschaft mit ihm.

10. JULI

Wenn ich nur das tue, was Gott möchte, wird er mich stets wieder zu Kräften bringen. Achte auf das, was dich erschöpft.

11. JULI

Wo immer du dem Allerhöchsten eine Wohnung bereitest, wirst du siegen.

12. JULI

Gebet gibt uns die Kraft, zu laufen und nicht müde zu werden.

13. JULI

Satan hat keine Macht, mich von Gott wegzuziehen.

14. JULI

Wir müssen unterscheiden zwischen dem Lastentragen, das recht ist, und dem Lastentragen, das falsch ist. Wir sollten niemals die Last von Sünde und Zweifel tragen, doch es gibt Lasten, die Gott uns auferlegt und die er nicht von uns nehmen möchte. Er will, dass wir sie auf ihn abwälzen. „Wirf dein Anliegen auf den HERRN" (Psalm 55,23; LUT).

15. JULI

Die Ursache von Kopflosigkeit ist immer Feigheit. Der deutlichste Beweis dafür, dass Gottes Gnade in unseren Herzen am Werk ist, ist, dass wir nicht in Panik geraten.

16. JULI

Die Zunge im Zaum zu halten, bedeutet nicht, den Mund zu halten, sondern könnte heißen: „Wenn ich spreche, will ich auch etwas sagen!“ Es bedeutet, die Zunge der Kontrolle eines disziplinierten Herzens zu unterwerfen; eine solche Zunge muss sich niemals entschuldigen.

17. JULI

Nichts, das geschieht, kann Gott oder die allmächtige Wirklichkeit der Erlösung erschüttern.

18. JULI

Das neue Leben zeigt sich in bewusster Umkehr und unbewusster Heiligung, niemals anders herum. Die Grundlage des Christseins ist Umkehr. Wenn du jemals die Tugend der Umkehr verlernst, befindest du dich in der Dunkelheit.

19. JULI

Das Beste ist immer noch, dass wir einmal bei Gott sein werden. Alles, wovon du je geträumt oder was du ersehnt hast, wird dann sein.

20. JULI

Mangelnde Gastfreundschaft und Zweifel an der Heiligkeit gehen Hand in Hand. Gottes Haus ist so heilig, dass er seinen eingeborenen Sohn gab, um uns als Gäste willkommen zu heißen.

21. JULI

Es ist eine Sache, eine Krise souverän zu meistern, und eine andere, Gott tagtäglich zu verherrlichen, wenn einem keine Aufmerksamkeit geschenkt wird.

22. JULI

Sei einfach und ohne Umschweife unverkennbar sein Kind - heute.

23. JULI

Es ist unverschämt, wenn wir nach Möglichkeiten Ausschau halten, wo wir Gott dienen können; wir haben in jedem Moment und ständig die Möglichkeit, Gott zu dienen.

24. JULI

Verstehe den Schatten von Gottes Hand niemals falsch; wenn er dich allein lässt, ist es ganz gewiss deshalb, weil er dir die tiefere Bedeutung von Philipper 3,10 zeigen will.

25. JULI

Wenn ich darüber diskutieren möchte, ob ich tue, wovon ich doch weiß, dass es absolut richtig ist, stehe ich nicht mit Gott in Verbindung.

26. JULI

Wenn du einmal zulässt, dass etwas Falsches in dir siegt, ist es ein langer Weg zurück, sich wieder umzugewöhnen.

27. JULI

Der Mittelpunkt der Erlösung ist das Kreuz. Es ist so leicht, errettet zu werden, weil es Gott so viel gekostet hat.

28. JULI

Vorsicht vor dem frommen Heuchler in dir, der sagt: „Ich habe keine Zweifel an Jesus, nur an mir selbst." Niemand hat jemals Zweifel an sich gehabt!

29. JULI

Miss dein Wachstum in der Gnade an deiner Sensibilität gegenüber der Sünde.

30. JULI

Schreibe bestimmte Umstände nicht dem Teufel zu, sondern deinem eigenen undisziplinierten Nervensystem.

31. JULI

Gott erhört Gebet niemals, um seine Macht zu beweisen.

AUGUST

1. AUGUST

Auf unserer geistlichen Reise kreuzt mancher Schrecken unseren Weg und eine große Furcht ergreift unsere Herzen; dann hören wir, wie wir bei unserem Namen gerufen werden, und die Stimme Jesu sagt: „Ich bin es, fürchte dich nicht." Und der Friede Gottes, der unseren Verstand übersteigt, nimmt unsere Herzen ein.

2. AUGUST

Jesus Christus hat die Herrschaft des Todes vernichtet und kann uns so ausrüsten, dass wir uns allen Schwierigkeiten des Lebens stellen – dabei überwinden wir weit, überall und jederzeit.

3. AUGUST

Jesus Christus kann den schwächsten Menschen in einen göttlichen „Fürchtenichts" verwandeln. Er kann in ihn das Leben einpflanzen, dem die Zeit nichts anhaben kann.

4. AUGUST

Lass dich niemals dazu verleiten, zu sagen: „Ich bin hier, weil ich etwas nütze." Sage eher: „Ich bin hier, weil Gott es so will." Der einzig wahre Leitstern der Heiligen ist Gott selbst und nicht der eigene angenommene Nutzen.

5. AUGUST

Danke Gott für seinen Schutz und seine Erlösung, die uns bewahrt, wenn wir wachen und schlafen, wenn wir uns dessen bewusst sind oder nicht, in und außer Gefahr.

6. AUGUST

Das ist Gottes Liebe, die sich in Christus zeigt: dass er den ungeeignetsten Menschen - ungeeignet für das Überleben, für den Kampf, für die Konfrontation mit moralischen Konflikten - nicht nur befähigt, zu überleben und zu kämpfen, sondern ihn auch für die größten Gewissensfragen und die stärkste Macht des Feindes ausrüstet, sodass er als mehr als ein Überwinder daraus hervorgeht.

7. AUGUST

Der Teufel ist ein Tyrann, aber wenn wir die Waffen Gottes anlegen, kann er uns nicht schaden. Wenn wir ihn in eigener Kraft angreifen, sind wir schnell am Ende; aber wenn wir in Gottes Stärke und Mut feststehen, kann er uns nicht um eine Haaresbreite zurückschlagen.

8. AUGUST

Ein Mensch mit einem starken Glauben ist wie ein Zellkern, um den sich andere sammeln. Geistlich betrachtet bedeutet das: Wenn wir die Waffen Gottes anlegen und ihm die Treue halten, wird eine ganze Armee zitternder Christen gestärkt.

9. AUGUST

Wir müssen dort Liebe üben, wo wir keinen Respekt mehr aufbringen können und wo wir keinen Respekt haben dürfen. Das wird uns nur gelingen, wenn wir uns auf Gottes Liebe zu uns verlassen. „Das ist mein Gebot, dass ihr euch *untereinander* liebt, wie ich euch *liebe*" (Johannes 15,12).

10. AUGUST

Die Selbsthingabe der Liebe Gottes, die sich im Leben und Sterben Christi zeigt, wird zu einer Brücke über den Strom der Sünde; menschliche Liebe kann von göttlicher Liebe durchtränkt sein, einer Liebe, die niemals aufhört.

11. AUGUST

Sobald wir anfangen, unsere Gewohnheit des Gebets oder des Bibellesens anzubeten, wird Gott diese Zeiten von seiner Seite her beenden. Wir sagen: „Ich kann das nicht tun, ich bete gerade; ich verbringe Zeit mit Gott." Nein, wir verbringen Zeit mit unserer Gewohnheit; wir beten unsere Gebetsgewohnheit an.

12. AUGUST

Das Gewissen ist die Fähigkeit des Geistes, sich an das Höchste anzupassen, das ein Mensch kennt - ob er Agnostiker oder Christ ist; so hat jeder Mensch ein Gewissen, obwohl nicht jeder Mensch Gott kennt.

13. AUGUST

Gott lenkt unsere Umstände und schickt uns einige außergewöhnliche Menschen über den Weg – Verkörperungen unserer Selbst in vielfältiger Weise; und ein Teil der Situationskomik ist es, dass wir uns in ihnen wiedererkennen.

14. AUGUST

Wohin haben Jesus seine Füße getragen? Zu den Kranken und Besorgten, zu den Toten, zu den Bösewichten, zu den Verkrümmten und zu den Ehrenwerten. Er stellte seine Füße genau dorthin, wo wir hingehen sollen, mit ihm oder ohne ihn: in die alltägliche Härte und das Durcheinander des Lebens, wie es ist. „Denn ich will die Stätte meiner *Füße herrlich* machen" (Jesaja 60,13).

15. AUGUST

Unabhängig davon, wie unsere Lebensumstände aussehen, dürfen wir uns sicher sein, in ihnen genauso mit Gott verbunden zu sein wie bei einer Gebetsversammlung.

16. AUGUST

Der menschliche Stolz hat etwas an sich, das großen Schwierigkeiten die Stirn bietet, doch brauchen wir die übernatürliche Gnade und Macht Gottes als Beistand gerade in den kleinen Dingen.

17. AUGUST

Mir müssen nichts *tun*, sondern *glauben*. „Was muss ich *tun*, dass ich gerettet werde? *Glaube* an den Herrn Jesus, so wirst du selig!" (Apostelgeschichte 16,30-31).

18. AUGUST

Nähern wir uns der Bibel, um von Gott angesprochen zu werden und um „weise zur Rettung" (2. Timotheus 3,15; ELB) gemacht zu werden, oder jagen wir bloß nach Versen, die wir für unsere Reden verwenden können? Manche Menschen ziehen wie Landstreicher durch die Bibel und nehmen nur das mit, was ihnen für ihre Predigten nützlich erscheint; sie lassen das Wort Gottes nie aus der Bibel heraustreten und zu sich sprechen.

19. AUGUST

Einen Feind zu unterschätzen, ist niemals klug. Wir sehen den Feind unserer Seele als besiegten Gegner an; das ist er auch, aber nur für Gott, nicht für uns.

20. AUGUST

Nichts ist so sicher wie die Erlösung durch Gott; sie ist ewig wie die Berge, und es ist unser Vertrauen auf Gott, das uns dies zu Bewusstsein bringt.

21. AUGUST

Gott ist niemals irgendwo weit weg; er ist immer da.

22. AUGUST

In der Bibel kommen Dinge als Dreiklang vor: Vater, Sohn und Heiliger Geist. Gott, Kirche, Gläubige; Ehemann, Ehefrau, Kinder. Das ist Gottes Ordnung, nicht die des Menschen. Wenn eines aus dreien fehlt, stimmt etwas nicht.

23. AUGUST

Das Bemerkenswerte an der Furcht des Herrn ist dies: Wenn du Gott fürchtest, fürchtest du nichts anderes mehr; doch wenn du Gott nicht fürchtest, fürchtest du dich vor allem anderen. „Glücklich ein jeder, der den Herrn fürchtet“ (Psalm 128,1; ELB).

24. AUGUST

„Wenn nicht eure Gerechtigkeit die der Schriftgelehrten und Pharisäer übertrifft“ (Matthäus 5,20; ELB) – uns nicht nur von ihnen zu unterscheiden, sondern sie zu „übertreffen“, bedeutet: Wir sollen genau wie sie sein und unendlich mehr! Unser sichtbares Verhalten soll gerecht sein, aber unser unsichtbares Verhalten im Innern soll genauso gerecht und sogar noch gerechter sein. Nicht nur unsere Worte und Taten sollen gerecht sein, sondern auch unser Denken und Fühlen.

25. AUGUST

Es ist einfach, darüber zu reden, was ich mit tausend Pfund tun würde, wenn ich sie besäße; doch der Prüfstein ist, was ich mit den zweieinhalb Pfund anstelle, die ich habe. Es ist schwer für einen Reichen, ins Reich Gottes zu kommen. Aber es ist genauso schwer für einen Armen, zuerst nach dem Reich Gottes zu trachten.

26. AUGUST

Man beginnt eine Arbeit oft damit, die eigene Entschlossenheit auf absurde Weise zu vergöttern: „Diese Sache muss erledigt werden, und ich muss es tun." Damit schadet man seiner Seele, weil Gottes Schutz fehlt. Doch wenn ein Mann oder eine Frau von Gott berufen sind, dann werden die Dinge, denen sie sich ausgesetzt sehen, niemals das Gleichgewicht des Lebens erschüttern, das von der Gegenwart Gottes durchsetzt ist.

27. AUGUST

Jesus Christus sagt nie, dass ein Mensch verdammt ist, weil er ein Sünder ist. Verdammnis wartet auf den, der erkennt, wozu Jesus kam, und es ihn nicht tun lässt.

28. AUGUST

Jedes Leben, das in Gottes Obhut ist, hat ein Ziel, von dem wir nur wenig wissen, aber das Gott erreichen wird, wenn wir ihm eine echte Beziehung zu uns gestatten.

29. AUGUST

Der ganze Anspruch der Erlösung Jesu ist, dass er den letzten schmerzvollen Abgrund der menschlichen Seele heilen kann; nicht nur im Jenseits, sondern hier und jetzt.

30. AUGUST

Tausende Menschen sind in dieser Welt ohne Gott glücklich, aber diese Art des Glücks und des Friedens wird nicht überdauern. Jesus Christus kam, um jeden Frieden, der nicht auf eine Beziehung zu ihm gegründet ist, mit dem Schwert zu zerschlagen.

31. AUGUST

Es ist unerheblich, wohin ein Mensch kommt, wenn er Trübsal und Qualen leidet, denn nichts davon kann einen Keil zwischen ihn und die Liebe Gottes in Christus Jesus treiben.

SEPTEMBER

1. SEPTEMBER

Wer nur Kenntnis davon hat, was Gott für ihn getan hat, dessen Gott ist nicht groß genug; wer aber eine Erkenntnis darüber hatte, wie Jesus wirklich ist, für den können Ereignisse kommen und gehen und er wird sie überstehen, „als sähe er den Unsichtbaren" (Hebräer 11,27; ELB).

2. SEPTEMBER

„Die vollkommene Liebe treibt die Furcht aus" (1. Johannes 4,18), aber zu sagen: „Darum fürchten wir uns nicht, wenngleich die Welt unterginge" (Psalm 46,3), ist nur möglich, wenn die Liebe Gottes machen darf, was sie will.

3. SEPTEMBER

„Seid stark *in* dem Herrn" (Epheser 6,10) - aber wir ziehen es lieber vor, stark *für* den Herrn zu sein. Der einzige Weg, stark *in dem* Herrn zu sein, ist, „schwach in ihm" (2. Korinther 13,4) zu sein.

4. SEPTEMBER

Eine undisziplinierte Fantasie ist nicht nur der größte Unruhestifter, wenn es um das Wachstum in der Gnade geht, sondern auch, wenn es um geistliche Gesundheit geht.

5. SEPTEMBER

Sünde ist keine Schwäche und auch keine Krankheit; sie ist akute Rebellion gegen Gottes Willen, und ihr Ausmaß zeigt sich auf Golgatha.

6. SEPTEMBER

„Das ist wohl Gottes Wille" – wo ist da die Freude am Herrn? Jesu Verständnis vom Willen Gottes war fröhlicher, jubelnder Gehorsam seinem Vater gegenüber, weil sein Wille das Herrlichste ist, was man sich vorstellen kann.

7. SEPTEMBER

Der Grund, weshalb wir so wenig über Gottes Weisheit wissen, ist der, dass wir ihm nur so weit vertrauen, wie wir die Dinge mit unserem gesunden Menschenverstand begreifen können.

8. SEPTEMBER

Wie viel von unserer Sicherheit und unserem Frieden ist das Ergebnis unseres zivilisierten Lebens, und wie viel davon beruht auf unserem Gottvertrauen?

9. SEPTEMBER

Wir machen Gott in unseren Gedanken arm, wenn wir sagen, es müsse sichtbare Antworten auf unsere Gebete geben. Die größten Antworten auf unsere Gebete zeigen sich im Reich des Unsichtbaren (Epheser 6,12-14).

10. SEPTEMBER

Sorgen sind in dieser Welt nichts anderes als persönlicher Ärger auf Gott, denn ich kann nicht sehen, worauf er hinaus will. Nur, dass ich das nicht so nenne. Ich spreche dann von einer „überwältigenden Bürde der Sorge".

11. SEPTEMBER

Niemals sollten wir annehmen, unser Gehorsam sei der Grund für den Segen Gottes in unserem Leben; Gehorsam ist die Folge einer wahrhaftigen Beziehung zu Gott.

12. SEPTEMBER

Das Leben als Christ ist geprägt vom spontanen Wissen, was richtig ist, und somit unterliegt der Nachfolger Christi dem gleichen Angriff wie Christus selbst: der Versuchung. Aber Jesus Christus war immer im Einklang mit Gott.

13. SEPTEMBER

Die Erbanlagen des Sohnes Gottes werden in mich beim Wiederherstellungsprozess gelegt - ein Leben, das weder Zeit noch Tod antasten können.

14. SEPTEMBER

Gott tut nichts mit uns, nur *durch* uns.

15. SEPTEMBER

Der Teufel will uns glauben machen, dass wir in einem Kampf stehen, den wir nur verlieren können; nichts dergleichen! Wir sind „mehr als Überwinder", allen Ernstes sogar mehr als Sieger, „durch den, der uns geliebt hat" (Römer 8,37; ELB).

SEPTEMBER

16. SEPTEMBER

Keine Macht auf Erden oder in der Hölle kann den Geist Gottes in einem Menschen bezwingen; er ist innerlich nicht zu besiegen. Wenn du dem Gejammer die Tür geöffnet hast, dann wirf es in hohem Bogen wieder hinaus. Es ist ein gutes „Vergehen", in Gottes Stärke schwach zu sein.

17. SEPTEMBER

Wenn Gott vergibt, hält er uns unsere gemeinen und schlechten Taten nie wieder vor. „Ich tilge deine Missetat wie eine Wolke und deine Sünden wie den Nebel" (Jesaja 44,22). Eine Wolke ist nicht mehr sichtbar, wenn sie sich aufgelöst hat.

18. SEPTEMBER

Wenn wir Jesus von Angesicht zu Angesicht sehen und er fragt: „Glaubst du das?“ (Johannes 11,26), wird unser Glaube so natürlich und selbstverständlich wie unser Atem sein. Wir sagen: „Ja, Herr“, und sind überrascht und verwundert, dass wir so dumm sein konnten, ihm nicht schon vorher zu vertrauen.

19. SEPTEMBER

Es ist eine gewaltige Sache zu wissen, dass Gott herrscht und regiert und jubelt und dass seine Freude unsere Stärke ist. Die Zuversicht eines Christen liegt darin, dass Gott nicht übellaunig ist, der „Vater des Lichts, bei dem keine Veränderung ist noch Wechsel des Lichts und der Finsternis“ (Jakobus 1,17).

20. SEPTEMBER

Tagträumereien lassen sich unverzüglich beenden, sobald der Wille dazu geweckt ist. Gebet ist ein Bestreben des Willens, und der große Kampf des Gebetes ist, Tagträume zu überwinden. Wir schreiben alles unserer Unfähigkeit zu, uns zu konzentrieren. „Aber sei nur stille zu Gott, meine Seele“ (Psalm 62,6). Gemeint ist: Reiß dich zusammen und werde ruhig in Gottes Gegenwart.

21. SEPTEMBER

„Der Herr ist mein Fels“ (Psalm 18,2; ELB), mein umgebender Schutz. Wo hat der Psalmist diese Wahrheit erkannt? In der Schule des stillen Wartens auf Gott. Der Fels der Zeiten ist die große schützende Umfriedung; der mütterliche Schutz Gottes wacht über uns.

22. SEPTEMBER

Wenn wir an dem Punkt sind, dass wir uns auf das Leben des auferstandenen Jesus vorbehaltlos verlassen und wir eng in Berührung mit Gottes Absichten kommen, stellen wir fest, dass alle unsere Fragen verschwinden. Leben wir dieses Leben nun? Wenn nicht, warum nicht?

23. SEPTEMBER

Das Geheimnis heiliger Jüngerschaft ist, dass wir dem Wesen Gottes in uns so hingegeben sind, dass er uns als gebrochenes Brot und ausgegossenen Wein für seinen Plan mit der Welt gebrauchen kann, so wie er das Leben seines Sohnes brach, um uns zu erlösen.

24. SEPTEMBER

Reiß dich zusammen und beweise Standfestigkeit, beziehe Position. Körperliche Stärke ist eine großartige Sache, Charakterstärke eine noch größere, aber die größte von allen ist die geistliche Stärke, wenn ein Mensch treu zur Vollkommenheit Christi steht, egal, was er gerade durchmacht.

25. SEPTEMBER

„Die Liebe hört niemals auf" (1. Korinther 13,8). Was für ein wunderbarer Vers! Und was für eine noch wunderbarere Sache muss die Erfahrung dieser Liebe sein; größer als Prophetie - die erstaunliche Weissagung der Gedanken und Pläne Gottes; größer als ein Glaube, der Berge versetzen kann; größer als menschenfreundliche Selbstaufgabe; größer als das außergewöhnliche Geschenk der Gefühle und der Begeisterung und aller Redegewandtheit; diese Liebe ist es, die vom Heiligen Geist, der uns gegeben ist, in unsere Herzen ausgegossen wird.

26. SEPTEMBER

Wir haben geistlich betrachtet einen großen Schritt nach vorn gemacht, wenn wir Gott kein Kopfzerbrechen mehr mit unseren persönlichen oder sonstigen Anliegen bereiten. Gott erwartet von uns das Eine, das ihm Ehre verschafft - und das ist unser vollständiges Zutrauen zu ihm, weil wir uns daran erinnern, was er uns zuvor zugesichert hat, und unsere Zuversicht, dass sich seine Absichten erfüllen werden.

27. SEPTEMBER

Jedes Mal, wenn du dich ins Land des Glaubens hinauswagst, wirst du feststellen, dass ein Teil deines gesunden Menschenverstandes deinem Glauben rundweg widerspricht. Gelingt es dir, Jesus Christus zu vertrauen, wo es dein Verstand nicht kann?

28. SEPTEMBER

„Bleibt in mir“ (Johannes 15,4), sagt Jesus – in geistlichen Fragen, in Geldfragen und allen erdenklichen Fragen, die das Leben zu dem machen, was es ist.

29. SEPTEMBER

Das Beste, was du als Nächstes tun kannst, ist zu bitten, wenn du noch nicht empfangen hast; zu suchen, wenn du noch nicht gefunden hast; anzuklopfen, wenn dir die Tür noch nicht geöffnet wurde.

30. SEPTEMBER

Wir können Gottes Wort mit einem Gähnen unterdrücken; die Zeiten, die wir mit Gott verbringen sollten, können wir dadurch erschweren, dass wir darüber nachdenken, was wir sonst noch zu tun haben. „Ich habe keine Zeit!“ Natürlich haben wir Zeit! Nimm dir die Zeit, schränke andere Interessen ein und mach dir bewusst, dass Jesus Christus und sein Sühneopfer die Kraftquelle deines Lebens sind.

OKTOBER

1. OKTOBER

Vergesslichkeit ist ein Qualitätsmerkmal vom Geist Gottes. Im Geist des Menschen ist sie eine Schwäche, weshalb Gott seine Vergesslichkeit folglich auch nicht mit menschlichen Bildern erklärt, sondern mit Bildern aus seiner eigenen Schöpfung: „So fern der Morgen ist vom Abend, lässt er unsre Übertretungen von uns sein" (Psalm 103,12). „Ich tilge deine Missetat wie eine Wolke" (Jesaja 44,22).

2. OKTOBER

Wir müssen uns im Licht Gottes aufhalten, so wie er im Licht ist. Und die Gnade Gottes wird allezeit für übernatürliches Leben sorgen. Gott sei Dank hört seine Gnade niemals auf, solange wir uns vor ihm beugen. Gottes überfließende Gnade kennt keine Grenzen, und wir sollen ihr auch keine setzen, sondern „[wachsen] in der Gnade und Erkenntnis unseres Herrn und Retters Jesus Christus" (2. Petrus 3,18).

OKTOBER

3. OKTOBER

Nimm dich vor den Dingen in Acht, bei denen du sagst: „Ach, das ist nicht so wichtig." Die Tatsache, dass dir etwas nicht so wichtig ist, kann bedeuten, dass es Gott sehr wohl wichtig ist. Nichts ist für ein Kind Gottes eine unbedeutende Angelegenheit. Wie lange wollen manche von uns Gott noch weiter damit beschäftigen, uns eine bestimmte Sache beizubringen? Er verliert nie die Geduld.

4. OKTOBER

Menschen, die ständig verzweifelt in Aktion sind, sind eine Plage; durch die Gläubigen, die mit ihm eins sind, ist Gott fortwährend am Werk.

5. OKTOBER

Der Kern des christlichen Lebens ist unsere Bereitschaft, Gottes Sohn in uns leben, handeln und sein zu lassen.

6. OKTOBER

Nicht die Not ist unsere Berufung, sondern Gottes Erlösung; die Not ist nur eine Gelegenheit.

7. OKTOBER

Nur weil du eine Not siehst, hast du kein Recht zu sagen: „Ich muss gehen.“ Wenn du geheiligt lebst, kannst du nicht gehen, außer du bist gesandt.

8. OKTOBER

Ich will zu der vorbehaltlosen Beziehung durchdringen, die alles, was kommt, aus Gottes Hand annimmt. Er leitet nie im nächsten Moment, sondern immer jetzt. Mache dir bewusst, dass der Herr jetzt hier ist, und sofort bist du frei.

9. OKTOBER

Wenn du an den Groll denkst, den du einem anderen gegenüber hegst, dann lass dich von Gottes Geist daran erinnern, wie du Gott behandelt hast.

OKTOBER

10. OKTOBER

Hüte dich davor, den Schöpfer zu verhöhnen, indem du alles Natürliche als sündhaft bezeichnest. Das Naturgemäße ist nicht sündhaft, sondern amoralisch und ohne geistlichen Anspruch. Es ist die Heimat aller schlechten Angewohnheiten und Laster und muss mit höchster Unnachgiebigkeit gezähmt werden, bis es seine wahre Bestimmung in Gottes Vorsehung erkannt hat.

11. OKTOBER

Wer sich in vorbehaltlosem Vertrauen Christus überlässt, wird erfahren, dass der Herr die umherwandernde Seele zu grünen Auen und frischem Wasser leitet, sodass er, selbst wenn er eine Zeit lang durch ein dunkles Tal stolpert, kein Unheil fürchtet. Weder Leben noch Tod, Zeit noch Ewigkeit kann eine Seele auch nur für einen Moment von der Sicherheit dieses einen Weges abbringen.

12. OKTOBER

Das „Ausmaß der sichtbaren Erlösung Gottes“ meint die Erlösung Gottes, die sich in der persönlichen Erfahrung zeigt; wir sollten uns aber davor in Acht nehmen, die Erlösung auf unsere persönliche Erfahrung hin einzuschränken.

13. OKTOBER

Dass ein Christ mit einem Lächeln auf den Lippen jemanden hinters Licht führen kann, ist ungeheuerlich. Die Zerstörung unseres Gewissens bedeutet: Wir haben die intensive Reinheit des Heiligen Geistes gegen die Muster und Prägungen des Zeitgeistes eingetauscht.

14. OKTOBER

Wenn du außen vor bleibst, weil du wählerisch bist, bist du nicht auf dem richtigen Weg; aber wenn du Abneigung erntest, weil du Gott und dem, was ihm am Herzen liegt, die Treue hältst, dann bist du auf dem richtigen Weg.

OKTOBER

15. OKTOBER

„Willst du nicht Jesus dein Leben geben? Er hat so viel für dich getan ...“ Wer so redet, beleidigt Gott und vergeht sich an der Natur des Menschen. Er legt ein Zuviel an menschlichem Gefühl an den Tag, angereichert mit religiösem Kauderwelsch.

16. OKTOBER

Setze Gebet und Gehorsam nicht an die Stelle des Kreuzes Christi. Sage nicht: „Weil ich gehorsam war, wird Christus dies und das tun.“ Er wird nicht. Die einzige Weise, auf die wir gerettet und geheiligt werden, ist die freiwillige Gnade Gottes.

17. OKTOBER

Alles, was sich in mein Bewusstsein drängt, kann meinen Gott sehr schnell beiseiteschieben. Es sind nicht die großen Dinge, die uns davon abhalten, in Gott zu ruhen, sondern die kleinen.

18. OKTOBER

So wie Jesus Christus und sein Evangelium untrennbar zusammengehören, waren die Jünger nicht von ihrer Botschaft zu trennen. Als der Heilige Geist an Pfingsten ausgegossen wurde, machte er diese Männer zu lebendigen Sendschreiben der Lehren Jesu, nicht zu menschlichen Grammofonen, die die Eckdaten seines Lebens abspielten; sie waren wesentlicher Bestandteil ihrer Botschaft.

19. OKTOBER

Es ist heutzutage erschreckend, dass jemand aus der Welt die Augen auf eine Weise offen hat, wie es bei vielen Verkündigern des Evangeliums nicht der Fall ist. Ibsen sah die Dinge zum Beispiel sehr deutlich; er nahm die absolute Unvermeidlichkeit von Gottes Aussagen wahr - keine Vergebung, keine Erlösung, keine Befreiung -, weil er Jesus Christus und seine Errettung nicht beachtete und die Tatsachen sah, wie sie sind.

OKTOBER

20. OKTOBER

Gott tadelt uns selten für unsere impulsiven Pläne, denn solche Pläne bringen ihren eigenen Kummer mit sich.

21. OKTOBER

Das verlässliche Fundament des Christentums ist Vergebung, nicht Heiligung und persönliche Rechtschaffenheit; das, was wunderbar beständig zugrunde liegt, ist unendlich viel stabiler; es ist all das, was das Neue Testament mit dem grandiosen Wort „Vergebung" meint.

22. OKTOBER

Wenn du zulässt, dass irgendetwas das Gesicht Jesu vor dir verbirgt, bist du entweder in Sorge oder du wiegst dich in falscher Sicherheit. „Meinen Frieden gebe ich euch" (Johannes 14,27) - das ist ein Friede, der entsteht, wenn wir ihm ins Gesicht blicken und verstehen, dass ihn nichts aus der Ruhe bringen kann.

23. OKTOBER

Nur weil etwas angesichts der gegenwärtigen moralischen Unvollkommenheit des Menschen unmöglich ist, heißt das nicht, dass er davon ausgenommen ist. Gottes Gesetz hat nichts mit Möglichkeit oder Unmöglichkeit zu tun.

24. OKTOBER

Wann immer du mit den großen zerstörerischen Sünden im Leben anderer in Berührung kommst, habe Respekt vor dem, was du nicht verstehst. Es gibt in jedem Leben Tatsachen, von denen du nichts weißt, und Gott sagt: „Überlass es mir."

25. OKTOBER

Es ist leichter, einem Zeugnis treu zu bleiben, das schon leicht angestaubt ist - weil es diesen dogmatischen Klang hat, dem Menschen zustimmen –, als über den letzten Moment zu sprechen, in dem man mit Gott in Verbindung war.

26. OKTOBER

Es ist unmöglich, bei der Arbeit für Gott erschöpft zu werden; wir werden erschöpft, weil wir versuchen, Gottes Arbeit auf unsere Art zu machen, und uns weigern, sie in Abhängigkeit von ihm zu tun.

27. OKTOBER

Hüte dich vor dem Gedanken, dass wir unsere natürlichen Gaben Gott weihen; wir können es nicht, wir können Gott nur die heilige Veranlagung weihen, die er uns schenkt (Römer 12,1).

28. OKTOBER

Versuch niemals, Gott zu erklären, bevor du ihm nicht gehorcht hast. Das Einzige, was wir von Gott verstehen, ist das, wo wir gehorcht haben.

29. OKTOBER

Es ist die natürlichste Sache der Welt, der Person ähnlicher zu werden, mit der man am meisten Zeit verbringt; verbringe deswegen am meisten Zeit mit Jesus Christus, vertiefe dich ganz und gar in ihn.

30. OKTOBER

Wenn ich Christ bin, auf wen soll ich dann einwirken? Einzig auf die, die Gott dir schickt. Du kannst Menschen nicht dazu bringen, zu kommen; niemand konnte dich dazu bringen, zu kommen, bis du selbst gekommen bist. „Der Wind bläst, wo er will … So ist es bei jedem, der aus dem Geist geboren ist" (Johannes 3,8).

31. OKTOBER

Auf Gott zu vertrauen bedeutet, töricht genug zu sein, zu wissen: Wenn wir Gottes Anweisungen befolgen, wird er sich um alles kümmern.

NOVEMBER

1. NOVEMBER

Sollte es noch eine Erweckung geben, wird sie durch unsere Erneuerung im Inneren herbeigeführt werden - von uns, die wir uns selbst Christen nennen.

2. NOVEMBER

Das Kreuz ist Jesus nicht „passiert“. Er kam genau deshalb. Der ganze Zweck der Fleischwerdung ist das Kreuz; in der Sichtbarwerdung bei der Kreuzigung liegt die geschichtliche Offenbarung des wahren Wesens Gottes (Offenbarung 13,8).

3. NOVEMBER

Auf einen einzigen Menschen, der jemand anderen durch die Art und Weise, wie er lebt, und durch die Atmosphäre in seinem Leben mit Jesus bekannt machen kann, kommen tausend, die nur gestelzt über ihn reden können.

NOVEMBER

4. NOVEMBER

Nichts hat die Macht, einen Menschen zu verändern, wenn nicht Jesu Leben in ihn kommt, und das ist das einzige Anzeichen dafür, dass er wiedergeboren ist.

5. NOVEMBER

„Uns abrackern" - das ist das Einzige, was wir nicht tun wollen. Wir versammeln uns unter freiem Himmel, wir predigen - aber uns im Gebet abrackern! Die Arbeit eines sich abrackernden Mannes hat nichts Aufregendes an sich, doch ist es genau dieser Mann, der die Ideen des Genies möglich macht; und es ist der sich abrackernde Heilige, der die Ideen seines Meisters möglich macht.

6. NOVEMBER

Der Unterschied zwischen einem Menschen mit dem Geist Gottes und einem ohne ihn ist, dass der eine den Willen Gottes aufgrund einer bewussten, freudigen Entscheidung tut; der andere tut ihn, ohne es zu wissen. Dabei schlägt er um sich und rebelliert.

7. NOVEMBER

Gott wird niemals anfangen, mir seinen Willen in anderen Angelegenheiten zu zeigen, bis ich nicht umsetze, was ich weiß. Theoretisches Wissen verdammt uns. „Wenn ihr dies wisst - selig seid ihr, wenn ihr's tut" (Johannes 13,17).

8. NOVEMBER

Niemals kann ein Mensch - wer er auch sein mag - derselbe sein, wenn er gehört hat, wie Jesus Christus verkündigt wird. Er mag sagen, dass er dem keine Beachtung schenkt; er mag es scheinbar völlig vergessen haben, aber er ist niemals mehr ganz derselbe und jeden Moment können ihm Wahrheiten zu Bewusstsein kommen, die all seinen Frieden und sein Glück zerstören.

9. NOVEMBER

Werde ich ein abgesondertes Leben auf dem Berg führen und niemals ins von Dämonen besetzte Tal hinabsteigen, niemals zeigen, dass das, was ich auf dem Berg gesehen habe, ausreicht, um dem im Tal gegenüberzutreten?

10. NOVEMBER

Es ist ein äußerst schmeichelhaftes Ding, loszugehen und die Niedrigen zu befreien, eine der sozialen Leidenschaften der Menschheit, aber es ist nicht das christlichste. Es ist etwas ganz anderes, Menschen, die zu den Besten gehören, zu verkünden, dass *sie* ihr Recht auf sich selbst an Jesus aufgeben müssen.

11. NOVEMBER

Ist dir noch nie jemand begegnet, dessen Glaubensleben so akkurat ist, dass du Angst davor hast, in seine Nähe zu kommen? Lass deinen Glauben niemals so religiös werden, dass Gott darin gar nicht mehr vorkommt.

NOVEMBER

12. NOVEMBER

Wenn wir das kleinste bisschen Wahrheit über Gott verstehen, lieben wir es von ganzem Herzen, ganzer Seele und mit ganzem Verstand; alles, was jetzt im Dunklen und Verborgenen liegt, wird eines Tages erhellt sein - so strahlend und freudig erhellt wie das bisschen, das wir schon erkannt haben.

13. NOVEMBER

Erfahrungen von Gottes Hilfe sind nur Trittsteine; das, was alles überspannt, ist: Ich vertraue dem Herrn Jesus, Gottes Vorsehung kann mit mir machen, was sie will, lass den Himmel ehern sein, die Erde höllisch, meinen Körper verabscheuenswert (wie der Hiobs), aber die Seele, die auf Jesus traut, kommt an den Punkt, an den Hiob kam: „Er mag mich töten, ich harre auf ihn“ (Hiob 13,15; EÜ).

14. NOVEMBER

Wenn wir nur das täten, wozu wir Lust haben, würden manche von uns überhaupt nichts tun, für immer und ewig! Es gibt Menschen, die auf geistlichem Gebiet nicht beschäftigungsfähig sind, sie sind geistlich geschwächt und weigern sich, irgendetwas zu tun, solange sie nicht übernatürlich inspiriert werden. Der Beweis dafür, dass unsere Beziehung zu Gott stimmt, ist, dass wir unser Bestes geben - ob wir uns inspiriert fühlen oder nicht.

15. NOVEMBER

Sehr viele christliche Arbeiter beten ihre Arbeit an. Das einzige Anliegen der Arbeiter sollte es jedoch sein, sich auf Gott zu konzentrieren, und das wird bedeuten, dass alle anderen Lebensbereiche von der Freiheit eines Kindes geprägt sind - eines anbetenden Kindes, nicht eines widerspenstigen.

16. NOVEMBER

Gott wird dich durch viele Mühlen schicken, die eigentlich nicht für dich gedacht sind. Mühlen, durch die du nur geschickt wirst, weil er möchte, dass du gutes Brot bereitest, das seine Kleinsten essen können. Nun kannst du die Bedeutung dieses Ortes der Mühsal, an dem du dich befindest, verstehen.

17. NOVEMBER

Wir sagen: „Sehen heißt glauben", aber das stimmt nicht. Glaube ist nötig, damit wir deuten können, was wir sehen; wir werden Dinge wegerklären, wenn wir nicht glauben, dass sie möglich sind. „Weil du mich gesehen hast, Thomas, darum glaubst du. Selig sind, die nicht sehen und doch glauben!" (Johannes 20,29).

18. NOVEMBER

Eine gute Möglichkeit, das eigene geistliche Leben zu beurteilen, ist, sich zu fragen: Was beunruhigt mich am meisten? Sind es die Sünden von Menschen wider Menschen oder die Sünden, die der geistliche Stolz wider Gott begeht?

19. NOVEMBER

Unsere Einstellung zur Bibel ist töricht; wir greifen auf sie zurück, um einen Beweis für Gottes Existenz zu bekommen. Doch die Bibel hat keine Bedeutung für uns, wenn wir nicht wissen, dass Gott existiert. Die Bibel erwähnt und bestätigt Tatsachen zum Nutzen derer, die an Gott glauben; diejenigen, die nicht an Gott glauben, können sie in Stücke reißen, wenn sie möchten.

20. NOVEMBER

Rechne stets mit der Tatsache, dass genau dort, wo ein Mensch zu Fall gekommen ist, jeder zu Fall kommen kann (1. Korinther 10,13). Du bist durch die große Krise hindurchgegangen, nun sei vor den kleinen Dingen auf der Hut. ... Sage nicht voraus, von wo die Versuchung kommen wird; in der unwahrscheinlichsten Sache liegt die Gefahr.

21. NOVEMBER

Wenn wir uns der stillen Gemeinschaft mit Gott hingeben, wenn wir eine Weile von all unserem Denken und Handeln und Dienen ausruhen, wenn wir alles endlich einmal in die Hände des himmlischen Vaters legen, werden verborgene Wunden geheilt, wird aufsteigender Unglaube vertrieben und die beschädigte Rüstung repariert.

22. NOVEMBER

Jesus kann in einen Menschen, dessen Kraft von der Sünde und dem Schlechten so angegriffen wurde, dass er schon fast in der Hölle ist, ein Leben legen, das so stark und erfüllt ist, dass der Teufel fliehen muss, wann immer er ihm begegnet. Jesus Christus kann jeden, der sich auf sein Auferstehungsleben stützt, zu weit mehr als einem Überwinder machen.

23. NOVEMBER

Gott gibt uns kein überwindendes Leben; er gibt demjenigen Leben, der überwindet. In jedweder Bedrängnis, von Stechmücken bis zur Grausamkeit des Schwertes, tun wir den nächsten Schritt, als gäbe es keinen Gott, der uns zur Hilfe kommt, und entdecken dann, dass er da ist.

NOVEMBER

24. NOVEMBER

Die Bedrängnisse nach unserer Heiligung sollen uns nicht reinigen, sondern uns zu gebrochenem Brot in den Händen unseres Herrn machen, um andere zu nähren. Viele christliche Arbeiter sind wie Ephraim: „wie ein Kuchen, den niemand umwendet" (Hosea 7,8); sie sind Narren und Spinner, und wenn sie ausgeteilt werden, rufen sie Verdauungsbeschwerden hervor, statt Nahrung zu geben.

25. NOVEMBER

Wenn du Gelöbnisse, Vorsätze, Ziele, Gefühle säst, wirst du nur Erschöpfung ernten („Und ihr werdet vergeblich euren Samen säen, denn eure Feinde werden ihn verzehren"; 3. Mose 26,16; ELB). Doch säst du das Wort Gottes, wird es - so sicher wie Gott Gott ist - Frucht hervorbringen.

26. NOVEMBER

Der größte Triumphschall, der jemals in den Ohren des aufgeschreckten Universums erklang, war der am Kreuz Christi – „Es ist vollbracht." Das ist das letzte Wort zur Erlösung des Menschen.

27. NOVEMBER

Die Ursprünge der Liebe liegen in Gott, nicht in uns. Es ist absurd, die Liebe Gottes natürlicherweise in unseren Herzen zu suchen; sie ist nur da, wenn sie von außen durch den Heiligen Geist in unsere Herzen gegossen wurde.

28. NOVEMBER

Das Erste, was ich tun muss, um die mich beherrschende Kraft genauer zu betrachten, ist, die Tatsache zu akzeptieren, dass ich dafür verantwortlich bin, auf diese Weise beherrscht zu werden, weil ich nicht standhaft war. Wenn ich mir selbst ein Sklave bin, bin ich allein daran schuld, denn ich habe mir an einem bestimmten Punkt in der Vergangenheit selbst nachgegeben. In gleicher Weise gebe ich Gott nach, wenn ich ihm gehorche.

29. NOVEMBER

„Was ich euch sage in der Finsternis" (Matthäus 10,27) - achte darauf, wo Gott dich in die Finsternis stellt, und wenn du dort bist, schweige. Bist du im Dunkeln, höre zu, und Gott wird dir eine sehr kostbare Botschaft für jemand anderen geben, wenn du ins Licht zurückkehrst.

30. NOVEMBER

„Jeder Tag hat an seinem Übel genug" (Matthäus 6,34; ELB). Wie viel Übel hat heute schon angefangen, dich zu bedrohen? Welche gemeinen kleinen Teufelchen haben vorbeigeschaut und gefragt: „Was wirst du eigentlich im nächsten Monat tun - in diesem Sommer?" „Sorgt euch um nichts", sagt Jesus. Schau noch einmal hin und denk nach. Halte deinen Sinn auf das „Wie viel mehr" des himmlischen Vaters gerichtet.

DEZEMBER

1. DEZEMBER

Unser Herr nahm Worte, die verachtet waren, und veränderte ihre Bedeutung; er tat Dinge, die gewöhnlich, niedrig und alltäglich waren, und gab ihnen eine neue Gestalt. Unser Herr war das unbeachtete Licht inmitten der gewöhnlichsten Umstände, die man sich vorstellen kann.

2. DEZEMBER

Im Neuen Testament bedeutet das Wort „Welt“ das System der Dinge, die auf Gottes Erde errichtet wurden: das Religions-, Gesellschafts- oder Zivilisationssystem, das Jesus außen vor lässt.

DEZEMBER

3. DEZEMBER

„Ihr seid das Licht der Welt“ (Matthäus 5,14). Wir haben die Vorstellung, dass wir im Himmel leuchten werden, aber wir sollen hier unten leuchten, „mitten unter einem verdorbenen und verkehrten Geschlecht“ (Philipper 2,15). Wir sollen als Lichter an den armseligen Orten der Welt leuchten, und das geschieht nicht, indem wir ein künstliches Lächeln aufsetzen; das Licht muss beständig da sein.

4. DEZEMBER

Es ist eine leichte Sache, zu predigen, eine erschreckend einfache Sache, anderen zu sagen, was sie tun sollen; es ist eine ganz andere Sache, Gottes Botschaft zu einem Bumerang werden zu lassen: Du hast diesen Leuten aufgetragen, voller Frieden und Freude zu sein, doch was ist mit dir? Bist du voller Frieden und Freude?

5. DEZEMBER

Folgen wir dem Lamm, wohin es geht (Offenbarung 14,4)? Es wird uns durch unbekannte dunkle Täler führen - wir müssen folgen, wohin es geht. „Denn das Lamm mitten auf dem Thron wird sie weiden und leiten zu den Quellen des lebendigen Wassers, und Gott wird abwischen alle Tränen von ihren Augen" (Offenbarung 7,17).

6. DEZEMBER

Wenn wir einer bestimmten Überzeugung Glauben schenken, töten wir Gott in unserem Leben, denn wir glauben nicht an ihn, sondern an unsere Überzeugungen über ihn und tun, was Hiobs Freunde taten: Wir gleichen Gott und das menschliche Leben unseren Überzeugungen an und nicht dem Standard Gottes.

7. DEZEMBER

Jesus Christus sagt: „Wenn ihr nicht … werdet wie die Kinder“ (Matthäus 18,3). Ein kleines Kind ist sich seiner Eltern ganz sicher und ist in Bezug auf alles andere unsicher, deshalb lebt es ein absolut herrliches, gesundes Leben.

8. DEZEMBER

Wenn wir „die Liebe Christi kennen, die alle Erkenntnis übertrifft“ (Epheser 3,19), bedeutet das, dass wir frei von Angst und Sorgen sind, damit wir während der vierundzwanzig Stunden des Tages tun, was wir die ganze Zeit tun sollten - stark durch ein Leben, das von echter, spontaner Freude übersprudelt.

9. DEZEMBER

Unser Herr war niemals ungeduldig. Er pflanzte einfach Gedanken wie Samen in die Köpfe seiner Jünger und umgab sie mit der Atmosphäre seines Lebens. Wir werden ungeduldig, packen Leute am Schlafittchen und sagen: „Du musst dies und jenes glauben." Du kannst niemanden dazu bringen, geistliche Wahrheit zu erkennen, wenn du seinen Intellekt zu überzeugen versuchst. „Wenn aber jener, der Geist der Wahrheit, kommen wird, wird er euch in alle Wahrheit leiten" (Johannes 16,13).

10. DEZEMBER

Bestehe darauf, für Gott die Initiative zu ergreifen, wo du auch bist. Wann immer du betest, weitet sich dein Horizont und verändert sich deine Gesinnung und dein Verhältnis zu den Dingen. Und du wunderst dich, warum du nicht noch mehr betest.

DEZEMBER

11. DEZEMBER

Derjenige, der Jesus gesehen hat, kann niemals entmutigt werden; derjenige, der nur ein Zeugnis hat, was Jesus für ihn getan hat, kann entmutigt werden, doch nichts erschüttert den, der ihn gesehen hat: denn er hält sich „an den, den er nicht sah, als sähe er ihn" (Hebräer 11,27).

12. DEZEMBER

Kann Gott mich davor bewahren, dass ich in dieser Sekunde stolpere? Ja. Kann er mich davor bewahren, dass ich in dieser Sekunde sündige? Ja. Nun, das ist das ganze Leben. Du kannst nicht mehr als eine Sekunde auf einmal leben. Wenn Gott dich davor bewahrt, in dieser Sekunde schuldig zu werden, kann er es auch in der nächsten. Kein Wunder, dass Jesus sagte: „Euer Herz erschrecke nicht" (Johannes 14,1)! Wir erschrecken uns, wenn wir uns nicht die einzigartige Macht Gottes ins Gedächtnis rufen.

13. DEZEMBER

Wenn ein sogenannter Rationalist auf Sünde und Ungerechtigkeit und Krankheit und Tod hinweist und sagt: „Was sagt Gott dazu?“, hast du immer eine passende Antwort – das Kreuz Christi.

14. DEZEMBER

Wenn du nur deine eigenen Vorstellungen in Betracht ziehst, wirst du die Wahrheit niemals erkennen. Die ganze Wahrheit ist die einzige Wahrheit, und die ganze Wahrheit ist Jesus Christus: „Ich bin … die Wahrheit“ (Johannes 14,6). Jedes bisschen Wahrheit ist ein Irrtum, wenn es für sich genommen wird.

15. DEZEMBER

Die Mehrzahl der Prediger heute versteht nur die Segnungen, die vom Kreuz her zu uns kommen, sie neigen dazu, bestimmten Lehrmeinungen zugetan zu sein, die vom Kreuz herrühren. Paulus predigte nur eins: den gekreuzigten Christus, „der uns von Gott gemacht ist zur Weisheit und zur Gerechtigkeit und zur Heiligung und zur Erlösung“ (1. Korinther 1,30).

16. DEZEMBER

Wer von uns kann Gott hinter dem Zufall und im Zufall erkennen? Wer von uns sieht den Finger Gottes im Wetter? Wenn wir in lebendigem Kontakt mit Gott stehen, beginnen wir zu erkennen, dass nichts durch Zufall geschieht.

17. DEZEMBER

Wenn du deinen Glauben auf Erfahrung aufbaust, kann alles, was geschieht - Zahnschmerzen, Verdauungsprobleme, ein Ostwind, unangenehme Arbeit - deine Erfahrung beeinträchtigen, doch nichts, was geschieht, kann Gott oder die allmächtige Realität der Erlösung je beeinträchtigen; stehst du einmal auf diesem Grund, bist du so ewig sicher wie Gott selbst.

18. DEZEMBER

Im Kreuz können wir die verschiedenen Seiten der göttlichen Liebe sehen. Das Kreuz ist nicht das Kreuz eines Mannes, sondern die Zurschaustellung des Herzens Gottes. Hinten, an der Mauer der Welt, steht Gott mit ausgebreiteten Armen und jeder Mensch, der dort hingetrieben wird, wird in die Arme Gottes getrieben. Das Kreuz Jesu ist der höchste Beweis für die Liebe Gottes (Römer 8,35-39).

19. DEZEMBER

„Nur er ist mein Fels und meine Hilfe“ (Psalm 62,7; ELB). Ein Fels vermittelt die Vorstellung eines umfriedenden Schutzwalls, wie wenn eine Mutter auf ihr Kind aufpasst, das gerade das Laufen lernt; fällt das Kind, fällt es in die allumfassende Liebe und Aufmerksamkeit der Fürsorge der Mutter. „Der Herr ist mein Fels“, mein mich umgebender Schutz. Wo hat der Psalmist diese Wahrheit erkannt? In der Schule des stillen Wartens auf Gott.

20. DEZEMBER

„Schaut die Lilien auf dem Feld an, wie sie wachsen“ (Matthäus 6,28). Eine Lilie steht nicht immer im Sonnenschein; den überwiegenden Teil des Jahres ist sie im Erdreich verborgen. „Wie sie wachsen“ - im Dunkeln, nur für kurze Zeit sind sie strahlend schön und süß … Wir können niemals Lilien im Garten sein, wenn wir nicht Zeit als Knollen im Dunkeln verbracht haben, völlig unbeachtet. So wachsen wir.

21. DEZEMBER

Wenn dich der allmächtige Geist Gottes etwas bittet, sage nie: „Das kann ich nicht.“ Gewähre niemals der Begrenzung deiner natürlichen Fähigkeiten Einlass. Wenn wir den Heiligen Geist empfangen haben, erwartet Gott, dass sich das Wirken des Heiligen Geistes in uns offenbart.

22. DEZEMBER

Vergiss niemals, dass unsere Leistungsfähigkeit in geistlichen Angelegenheiten an den Verheißungen Gottes gemessen wird. Ist Gott in der Lage, seine Verheißungen zu erfüllen? Unsere Antwort hängt davon ab, ob wir den Heiligen Geist empfangen haben.

23. DEZEMBER

„Reicht in eurem Glauben die Tugend dar …" (2. Petrus 1,5; ELB). „Darreichen" bedeutet, dass wir etwas tun müssen. Wir stehen in der Gefahr, zu vergessen, dass wir nicht tun können, was Gott kann, und dass Gott nicht tun wird, was wir tun können. Wir können uns selbst nicht retten oder heiligen; Gott tut das. Und Gott wird uns keine guten Gewohnheiten oder Charakter schenken, er wird nicht dafür sorgen, dass wir rechtschaffen wandeln. All das müssen wir selbst tun, wir müssen die Errettung ausführen, die Gott eingeführt hat.

DEZEMBER

24. DEZEMBER

Ist dir schon einmal aufgefallen, was laut Jesus das Wort erstickt, das er sät? Der Teufel? Nein, die Sorgen der Welt. Es sind stets die kleinen Sorgen. Ich vertraue nicht, wenn ich nicht sehen kann, und da beginnt die Untreue. Das einzige Mittel gegen Untreue ist Gehorsam dem Geist gegenüber.

25. DEZEMBER

Jesus Christus ist Mensch gewordener Gott, er kommt von außen ins menschliche Fleisch; sein Leben ist das höchste und heiligste, das zur niedrigsten Tür hereinkommt. Lasse ich zu, dass mein eigenes Leben zu einem „Bethlehem" für den Sohn Gottes wird?

26. DEZEMBER

Wenn ich mein Vertrauen zuallererst auf Menschen setze, werde ich schließlich an allen verzweifeln; ich werde bitter werden, weil ich darauf bestanden habe, dass der Mensch ist, was kein Mensch jemals sein kann – vollkommen. Setze dein Vertrauen in nichts anderes als die Gnade Gottes in dir selbst oder in anderen.

27. DEZEMBER

Es gibt viele Dinge, die völlig legitim sind, doch wenn du dich auf Gott konzentrieren willst, kannst du sie nicht tun. Deine rechte Hand ist mit das Beste, was du hast, aber Jesus sagt, wenn sie dich daran hindert, seinen Geboten zu folgen, hacke sie ab. Diese Art der Zucht ist die strengste, die die Menschheit jemals getroffen hat.

28. DEZEMBER

Lege alle „Was wäre, wenn" zur Seite und verweile im Schatten des Allmächtigen. Sage Gott bewusst, dass du dich nicht weiter sorgen willst. All unsere Sorge und Gram wird dadurch verursacht, dass wir nicht mit Gott rechnen.

29. DEZEMBER

Ein Fluss erreicht Orte, von denen seine Quelle nichts weiß, und Jesus sagt, wenn wir von seiner Fülle empfangen haben - wie wenig davon in unserem Leben auch sichtbar sein mag - werden von uns Ströme fließen, die die äußersten Enden der Erde segnen werden. Wir haben nichts mit dem Fließen zu tun. „Das ist das Werk Gottes, dass ihr … glaubt" (Johannes 6,29). Gott erlaubt einer Seele nur selten, zu erkennen, was für ein großer Segen sie ist.

30. DEZEMBER

In Trübsal, Missverständnis, übler Nachrede, inmitten all dieser Dinge ist unser Leben mit Christus in Gott verborgen, er wird uns Frieden geben. Wir berauben uns selbst der herrlichen Offenbarung, dass wir beständige Gemeinschaft mit Gott haben können. Gott ist unsere Zuflucht - nichts kann uns bei ihm etwas anhaben.

31. DEZEMBER

Das Ziel ist nicht, dass wir Arbeit für Gott tun, sondern dass wir ihm gegenüber so loyal sind, dass er seine Arbeit durch uns tun kann. „Ich rechne mit deinem äußersten Einsatz, ohne dass du dich beschwerst oder ich mich erklären muss." Gott möchte uns gebrauchen, wie er seinen eigenen Sohn gebraucht hat.